이재원 변호사의

이야기 명판결

1

이재원 변호사의
이야기 명판결 1 바른길 Law

초판1쇄	2024년 10월 31일	**펴낸이**	조윤재
		펴낸곳	꽃피움북스
		등록번호	제2023-000165호 (2023.12.27)
법률 해석	이재원	**주소**	서울 송파구 위례서로 252 (우-05790)
전래동화	조문현	**팩스**	02-6499-0300
그림	이다얀	**홈페이지**	www.cotepium.com
교정	이어도	**메일**	cotepium@naver.com
편집	프롬먼데이	**블로그**	blog.naver.com/cotepium
북디자인	김정환	**인스타**	cotepiumbooks
		ISBN	979-11-988284-1-5 (74800)
			979-11-988284-0-8 (세트)

ⓒ 이재원 조문현 꽃피움북스, 2024

이 책의 글과 그림의 일부 또는 전부를 재사용하려면 반드시 저작권자의 동의를 얻어야 합니다.
KC표시는 이 제품이 공통안전 기준에 적합하였음을 의미합니다.
[바른길 Law]는 옛이야기에 법률해석을 적용한 책 시리즈입니다.

이야기 모자람

1

차례

1
세 아들과
아버지의 선택
12쪽

2
때리는
효도
20쪽

3
바보 총각의
비단 팔기
30쪽

4
수달은
누구 것?
40쪽

5
어리석은 풍산수와
오리 도둑
48쪽

6
과부의 닭과
사냥꾼의 매
56쪽

7
게으름뱅이의
황소 되팔기
64쪽

8
엉큼 대왕과
대동강 물값
72쪽

9
덤벙덤벙 농부와
소 내기
82쪽

10
돌 더미와
금덩이
90쪽

11
가짜 금덩이와
바꾼 삼천 냥
98쪽

12
천둥 나리와
벼락 목수
108쪽

13
나무 그늘을 팔아먹은
용심쟁이
116쪽

14
세 친구와
당나귀 한 필
126쪽

15
담 넘어온
감
134쪽

16
편히 앉아서
잘 사는 법
144쪽

17
냄새 맡은
값
152쪽

18
알나리에게
혼이 난 이방 나리
160쪽

19
한겨울의
산딸기와 독사
168쪽

20
왜가리의
선물
174쪽

법이 어려운 게 아니구나!

아무도 없는 별나라에서 혼자 산다면 어떨까요? 하고 싶은 대로 해도, 누가 뭐라 하는 사람이 없을 것입니다. 하지만 사람은 평생 가족이나 이웃, 학교, 회사, 나라 안에서 살게 마련이지요. 이처럼 사람은 여러 형태의 사회에서 서로 어울려 살아야 하므로 '질서' 또한 필요해요. 모두 행복하고 편안하게 살기 위해서죠. 그래서 사람들은 그 질서를 지키려고 예절, 관습, 도덕, 규칙 등을 만들어 놓았어요.

이러한 것들을 모두 잘 지킨다면, 법은 필요하지 않을 거예요. 하지만 남에게 피해 주지 않고 도와주려는 사람도 있지만, 힘으로 남을 누르고 나쁜 꾀를 써서 자기만 잘 살려는 사람도 있어서 법이 필요하지요. 이런 사람들 때문에 피해 보는 사람들은 누구일까요? 힘이 약하거나, 착해서 남을 의심할 줄 모르거나, 법률에 대한 기본 지식이 없는 사람일 수 있어요.

"이재원 변호사의 이야기 명판결"에는 여러 가지 흥미로운 사건과 지혜로운 판결이 들어 있는 옛이야기를 골라 실었어요. 그리고 이야기 뒤에는 여러분들이 궁금해하는 질문을 뽑아, 법률에 바탕을 두어 답변해 놓았어요.

법률 중에는 예나 지금이나 변함이 없는 것도 있고, 시대에 따라 달라진 것도 있어요. 이야기 속 사건이 옛 법률과 오늘날의 법률에 따라 각각 어떻게 해석되는지, 잘못하였을 때 어떤 벌을, 얼마나 받아야 하는지 알기 쉽게 써 놓았지요. 또한 억울한 일을 당했을 때는 어떤 보상을, 어떻게 받을 수 있는지도 자세히 소개해 놓았어요.

아무쪼록 어린이들이 이 책을 재미있게 읽었으면 좋겠어요. 그러고 나서, '법이 어려운 게 아니구나!', '법으로 정해 놓은 거랑 내 생각이랑 비슷하구나!' 하고 느낄 수 있었으면 좋겠습니다.

혹시 여러분 중에 "변호사 아저씨, 이 책 덕분에 법이 왜 필요하고, 내가 왜 법을 지켜야 하는지 좀 더 쉽게 알게 되었어요."라고 말해 줄 사람이 생길까요? '그런 사람이 한 명이라도 있었으면' 하는 마음으로, 이 책을 여러분 앞에 내어놓습니다.

변호사 이재원

행복하게 사는 법

힘센 친구가 힘이 약한 친구를 함부로 대합니다. 힘이 약한 친구가 "이런 법이 어디 있어?" 하면, 힘센 친구는 "여기 있어."라고 말해요. 하지만 분명한 것은 우리가 사는 세상에 그런 법은 없다는 거예요. 왜 그럴까요?

이 책을 읽으면서 왜 그런 법이 없는지, 법은 왜 만들어졌는지 이해하게 될 거예요. 그리고 다툼이 있을 때, 사람들의 어떤 행동이 부당하며, 어떻게 행동하는 것이 공정한지 판단할 힘이 생길 거예요. 판단력이 있어야 자신의 삶을 주도적으로 살면서, 옳은 선택과 결정을 하게 됩니다.

옛이야기 중에는 사람 사이의 갈등과 문제를 해결해 나가는 이야기가 많아요. 먼저, 해학과 유머가 가득한 옛이야기를 마음껏 즐겨 보세요. 가족, 이웃, 친구들과 역할을 맡아서 다른 사람의 입장이 되어 봐요. 그러면 그동안 몰랐던 다른 사람의 관점에서 상황을 통찰하는 힘이 생길 거예요. 통찰력이 있으면 다른 사람의 삶도 존중하면서, 더 나은 판단을 하게 됩니다.

문제를 해결하는 데 꼭 한 가지 정답만 고집할 필요는 없어요. 여러 사람의 지혜를 모아 사또와 다르게 해결하고 판결해 보아요.

이야기 뒤에 소개하는 법률적인 판단을 참고해 보면 해결하는 것이 어렵지 않을 거예요. 그러면서 조상들이 옛이야기 속에서 우리 어린이에게 꼭 전하고 싶었던 간절한 마음이 무엇인지 느낄 수 있기를 바라요.

 이제 어려운 문제를 누가 해결해 주기를 바라지 말고 스스로 생각해서 풀어 보세요. 화나도 상대방을 때리거나 욕하는 대신, 한발 물러서서 서로에게 생각할 시간을 주어보세요. 그 후에 예의 있게 자기 생각을 밝힙니다. 윗사람과 아랫사람, 남자와 여자 어느 한쪽의 권리만 내세우는 대신, 각자가 지켜야 할 의무와 상대방의 권리를 인정하는 것이지요. 잘못한 사람을 무조건 벌하는 대신, 그 상황과 행위에 알맞은 용서와 마땅한 대가를 치르게 하는 것입니다. 그러다 보면 세상에서 가장 기본이 되는 중요한 법을 스스로 깨닫게 될 거예요. 그 법이 뭐냐고요? 바로 '함께 행복하게 사는 법'이지요.

작가 조문현

1
세 아들과
아버지의 선택

어느 곳에 아들 삼 형제가 살았어.
삼 형제는 돌아가신 아버지가 물려주신 유산 때문에
옥신각신하다, 마침내 관가에까지 갔어.

"너희는 형제간에 무슨 일로 찾아왔느냐?"

사또가 묻자, 맏아들과 둘째 아들이
억울하다는 듯 차례로 목소리를 높였어.

"저희 아버지께서 돌아가시면서
막내에게만 재산을 다 물려주셨으니,
세상에 이런 법이 어디 있습니까?
재산은 원래 가문을 이을 장남에게
물려주어야 하지 않습니까?"

"형님은 이미 부자라서 그러셨다면
가난한 둘째에게 물려주는 것이 순서 아닙니까?
어떻게 혼인도 안 하고 나이도 제일 어린 막내가
다 차지할 수 있나요?"

맏아들과 둘째 아들이 서로 자기가 재산을 물려받아야 한다고
불평하자, 막내아들은 조용히 부탁했어.
"사또 나리! 저희 형님들 마음을 헤아려 주십시오.
딸린 식구가 많으니 어찌 재물이 필요하지 않겠습니까?
나리께서 제가 받은 재산을 알맞게 나눠 주십시오."

그러자
맏아들과 둘째 아들은 옳거니 하며
서로 재산을 독차지하려고 했어.

"장남인 제가 재산을 맡아 관리하는 것이 옳을 것입니다."
"형님은 지금 가진 재물도 관리하기 힘드니,
 가진 것 없는 제가 맡는 것이 좋을 것입니다."
"흠!"

조용히 눈을 감고 두 아들의 주장을 듣던 사또가
갑자기 나졸에게 명령했어.

"여봐라! 억새를 엮어 인형을 하나 만들어,
 꽁꽁 묶어 오너라."

삼 형제는 사또가 느닷없이 풀을 엮어 만든 인형으로
무엇을 하려는지 궁금하여 눈만 끔뻑거렸어.

"듣거라! 내가 생각해 보니, 재산을 똑같이 나눠주지 않은 것은
너희 아버지의 잘못이 분명하다.

그러니 저 풀 인형을 너희 아버지라고 생각하고,
이 뜰 안에서 실컷 끌고 다니도록 해라."

맏아들이 주저 없이 일어나더니,
씩씩대며 풀 인형을 마구 끌고 다녔어.

"에잇!"

둘째 아들은 아예 풀 인형을 내던지고 발로 걷어차기까지 했어.

"탁탁! 퍽퍽!"

하지만 막내아들 차례가 되자,
막내아들은 엎드려 울면서 말했어.

"사또 나리!
이것이 비록 인형이라고는 하나 제 아버지라고 하셨습니다.
그런데 어찌 마구 끌고 다닐 수 있겠습니까?
저는 도저히 할 수 없으니, 명령을 거두어 주십시오."

그러자 사또는 엄한 목소리로 맏아들과 둘째 아들을 꾸짖었어.

"너희 아버지께서
 과연 옳게
 판단하셨구나.
아버지를 대하는 태도가
이렇듯 하늘과 땅 차이이니,
막내에게 전 재산을 물려주는 것이
너무도 당연한 일이 아니냐!
맏아들과 둘째 아들은 자신의 욕심을 앞세우지 말고,
지난날의 잘못된 행동을 되돌아봐야 할 것이다.
막내는 듣거라!
맏이와 둘째는 자식의 도리를 하지 못했으니
참된 자식이라 할 수 없다.
그러니 너는 재산을 한 푼도 나눠 주어서는 안 될 것이다.
또한 이를 어기는 것은 부모의 뜻을 어기는 것이니
명심하도록 해라!"

맏아들과 둘째 아들은
비로소 자신의 불효를 깨닫고 깊이 뉘우쳤어.
재산을 모두 물려받은 막내는,
두 형을 아버지 모시듯 잘 받들며
행복하게 살았대.

변호사가 되어 함께 해결하기

부모님이 막내아들에게만 재산을 물려준다는 말씀을 남기고 돌아가셨어요. 그렇다면 맏아들과 둘째 아들은 부모의 재산을 전혀 물려받지 못할까요?

부모님이 재산에 관하여 아무런 말씀을 남기지 않고 돌아가셨다면 재산은 어떻게 물려받게 될까요? 우리나라에서 **민법**이 시행되기 전까지는 맏아들이 전 재산을 물려받고, 대신 맏아들이 절반을 동생들에게 나눠주었어요. 그런데 **민법**이 시행되면서 맏아들이 동생들의 1.5배를 물려받았지요. 그러나 현재에는 그 **민법**을 고쳐, 모든 자식은 돌아가신 부모의 재산을 똑같은 몫으로 나누어 물려받아요. 맏아들이나 둘째 아들이나, 딸이나 아들이나 각자가 물려받는 몫은 원칙적으로 똑같아요.

 그런데 부모님이 돌아가시기 전에 특별히 어떤 자식이나 다른 사람에게 재산을 물려주겠다고 하셨다면 어떻게 될까요?. 이때는 부모의 뜻에 따라 재산을 물려받은 사람의 몫이 됩니다. 다만 이 경우에도 재산을 물려받지 못한 다른 자식들은, 법에 정해진 자신들이 물려받을 몫의 절반(2분의 1)은 돌려달라고 주장할 수 있어요. 이를 '**유류분**'이라고 하지요.

이 이야기에서와 같이, 아버지가 돌아가시면서 전 재산인 3,000만 원을 막내에게만 물려주겠다는 말씀을 남기셨다면 어떨까요?

아버지가 아무런 유언을 남기지 않고 돌아가셨다면, 삼 형제는 각자 1,000만 원씩 물려받게 돼요. 그런데 아버지가 막내에게만 재산을 물려주겠다고 하셨어요. 그러면 맏이와 둘째는 원래 자신의 몫인 1,000만 원의 절반, 그러니까 500만 원에 대하여 막내에게 돌려달라고 할 수 있어요. 그래서 첫째 아들과 둘째 아들은 **유류분**을 청구하여 500만 원씩 가질 수 있고, 막내는 2,000만 원을 가질 수 있어요.

다만 헌법재판소는 2024년 4월 25일, 지금의 **유류분제도**는 헌법에 어긋난다고 결정했어요. 부모님께 큰 잘못을 저지른 자식에게는 **유류분**을 인정하지 않도록 2025년 12월 31일까지 **민법** 규정을 고치라는 취지입니다.

2
때리는
효도

깊은 산골 외딴집의 어떤 부부가 아들 하나를 두었어.
나이 들어 얻은 늦둥이여서 어찌나 귀엽던지,
아이가 얼굴을 때리는 응석을 부려도 다 받아 주었어.

"아이고, 아야. 아버지 한 번 더 때려봐라.
하하하."

늦둥이가 아버지를 탁 때리면
부부는 하하 웃으며 즐거워했어.

"아이고, 아파! 어머니
한 번 더 때려 봐라.
호호호."

늦둥이는 부모가 즐거워하자 주먹으로 자꾸 때렸고,
자라면서도 그것이 효도인 줄 알게 되었어.
그래서 나중에는 버릇이 되어,
열 살이 되고 또 여섯 해가 지나도
바위 같은 주먹으로 부모를 마구 때렸지.

"어머니, 아버지, 안녕히 주무셨어요?"
"퍽퍽!"
"아이고, 아야! 그만 때려라."
"어머니, 아버지, 다녀오겠습니다."
"퍽퍽!"
"아이고, 아파! 그만 됐다."
"아유, 이제는 제가 컸다고
이 재롱도 싫으신가요?"

늦둥이는 늙은 부모가 아무리 말려도,
장난으로 그러는 줄 알았지.
그래서 효도하려고 날마다 부모를 때렸어.
그런데도 늦둥이는 이웃 하나 없는 산골에 살아서
보고 들은 것도 없고, 그 버릇을 고쳐 줄 사람도 없었어.

"아이고! 이러다 자식한테 맞아 죽겠네."

늙은 부모는 그제야 어릴 때 응석을 다 받아 준 것이
후회되었지. 그렇지만 이미 돌이킬 수 없었어.
그러던 어느 날 저녁, 팔도 구경 다니던 한 노인이 지나갔어.
노인은 날이 저물어 이 집에 머무르게 되었지.
그때 늦둥이가 나무 한 짐을 지고 와서 탁 놓고는,
다짜고짜 부모에게 주먹질해 댔어.
노인은 이 기막힌 모습을 보고 입을 딱 벌렸어.

"아이고, 세상에! 부모를 때리는 이런 불효자가 다 있나?"

깜짝 놀란 노인이 꾸짖으며 말리자, 늦둥이가 화를 냈어.

"아니, 왜 효도도 못 하게 하는 거예요?"

아들의 말을 듣고 노인이 어리둥절해하자,
늙은 부모가 그동안의 사정을 이야기했지.

"저 애가 어렸을 때 귀엽다고 어머니 때려라,
아버지 때려라, 했더니 글쎄 그게 효도인 줄 알고,
저러지 뭡니까?"

노인은 이를 딱하게 여겨 늦둥이에게 말했어.

"진짜 효도하려거든, 이제부터는 다른
효도를 한번 해 보게나."
"아니, 때리는 것 말고 다른
효도가 또 있어요?"
"있고 말고, 나와 사람들이
많이 사는 세상을 구경
한번 해 보면 알 수 있지."

진짜 효도라는 말에
늦둥이는 좋아했어.
그리고는 갑자기 꾸벅
절하더니, 주먹을 불끈 쥐었어.

"어머니, 아버지.
제가 며칠 떠나있는 동안 효도를 못 할 테니
지금 한꺼번에 하고 가겠습니다."
"뭐라고?"

늙은 부모는 깜짝 놀라 말렸어.

"아니다, 아니야. 우리도 이제는 새로운 효도를 받고 싶구나.
어서 가서 새 효도를 많이 배워 오너라."

다음 날, 늦둥이는 아침 일찍 노인을 따라나섰어.
노인은 늦둥이를 자기 집으로 데려갔어.
그러자 자식과 손주들이 일제히 마루 아래로 달려 내려와
공손히 절하는 것이었어.

"아버님! 안녕히 다녀오셨습니까?"

그러고는 얼른 밥상을 들여와 시중을 들었어.
늦둥이는 깜짝 놀라 물었어.

"아니, 효도한다면서 왜 늙으신 부모를 때려 주지 않는 겁니까?"

그러자 노인이 웃으며 일러 주었지.

"하하, 때리는 효도는 구식 효도이고,
신식 효도는 이렇게 한다네.
이제 자네도 신식 효도를 좀 하게나."

그래서 집에 돌아온 늦둥이는,
보고 배운 대로 신식 효도를 하게 되었어.
자식의 도리를 모르면 불효자가 되고, 알면 효자가 되는 것이지.
그래서 이때부터 "모르면 불효자, 알면 효자."라는 말이
생겨났대.

변호사가 되어 함께 해결하기

우리나라 사람들은 효도에 대해서 어떻게 생각했을까요?
옛날에 자식이 부모님께 불효를 하면 나라에서 벌을 주었을까요?

효도는 우리나라뿐만 아니라 동양의 여러 나라에서 꼭 지켜야 하는 도덕으로 여겼어요. 조선시대에는 국가에서 공식적으로 효자를 인정하여 상을 내렸지요. 그런데 효자로 인정하기 위한 조사 기간이 수십 년에서 100년까지 걸리기도 했어요. 그리고 부모를 꾸짖는 죄를 '**불효죄**'라고 하였고, 부모를 때리는 죄를 '**패륜죄**'라고 하였어요.

불효죄나 **패륜죄**를 지은 사람은 아주 무거운 벌을 받았어요. 또 그 죄를 저지른 사람이 살던 집을 부수고 그 자리에 연못을 파서, 다시는 사람이 살지 못하게 하였어요.

오늘날 불효에 대한 벌은 옛날과 얼마나 다를까요?

오늘날에도 부모를 때리면 '존속 폭행죄'라고 하여, 다른 사람을 때렸을 때보다 훨씬 무거운 벌을 받지요. 즉, 보통 사람을 때리면 2년 이하의 징역 또는 500만 원 이하의 벌금을 물지만, 부모를 때리면 5년 이하의 징역 또는 700만 원 이하의 벌금을 물도록 형법에 정해져 있어요. 또한 폭행죄뿐만 아니라 °**상해죄**, 살인죄, °°**유기죄** 등을 저질렀을 때도, 그 피해자가 부모이면 더욱 무거운 벌을 주도록 정해 놓았어요. 이때 부모는 자기 부모 외에 남편, 또는 아내의 부모도 해당합니다.
 이 이야기에서 늦둥이는 부모를 때리는 것을 효도로 잘못 알았기 때문에 크게 나무랄 수 없지만, 우리는 어떻게 하는 것이 진짜 효도인지 깊이 생각해 보아야 해요.

- ● **상해죄**: 일부러 남의 몸에 상처를 입힌 죄
- ●● **유기죄**: 노인이나 어린이 또는 질병 등으로 보살핌을 받아야 할 사람을 보호할 의무가 있는 사람이 버려둔 죄

3
바보 총각의 비단 팔기

어느 가난한 집에, 어머니와 함께 사는 총각이 있었어.
총각은 누가 놀리거나 흉을 봐도, 늘 말없이 히히 웃기만 했어.
그래서 동네에서는 바보라고 놀림을 받았지.
하지만 그럴 때마다 총각의 어머니는 언제나 이렇게 말했어.

"자기 혀가 함부로 말하는 것을 막지 못하는 사람이
진짜 바보란다."

그러던 어느 날, 어머니는 아들에게 장사하는 법을 배우게
하려고, 고이 간직했던 비단 세 필을 내주었어.

"너도 이제 혼자 힘으로 살아가는 법을 배워야 한다.
그러니 오늘은 장에 가서, 이 비단을 한번 팔아 보아라.
비단 한 필에 돈 스무 냥씩은 꼭 받아야 한다. 알겠니?"

"예, 어머니. 히히."
"그런데 말이 많거나 아첨하는 사람에게는 절대로 팔지 말아라. 그런 사람들은 똑똑한 체하며 말로 남을 괴롭히거나, 도둑 심보를 가진 사람들이니까."
"예, 어머니. 히히."
"그 대신 말이 없는 사람에게는 팔아도 좋아. 그런 사람들은 대부분 겸손하고 마음 좋은 사람들이니까."
"예, 어머니. 히히."

총각은 비단을 등에 메고 장으로 갔어.
장에 들어서자마자, *알라꿍달라꿍 요란하게 차려입은 젊은 여자들이 다가와 물었어.

"그 비단 팔 것인가요? 어디 좀 봅시다."
"좀 비싼 것 같은데, 이거 진짜 비단인가요?"
"이리 주세요. 말 많은 사람한테는 비단 안 팔아요. 히히"
"아니, 뭐라고요?"

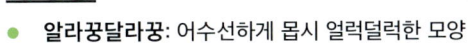
● **알라꿍달라꿍**: 어수선하게 몹시 얼럭덜럭한 모양

총각은 젊은 여자들을 쫓아 버리고,
말 없는 사람이 오기를 기다렸어.
이번에는 나이 든 아주머니와 딸이 비단을 사러 왔어.

"이 비단 한 필에 얼마지요?"
"스무 냥이에요. 히히."
"어휴, 비싸! 열아홉 냥만 해요."
"안 돼요. 우리 어머니께서 꼭 스무 냥은 받으라고 하셨어요. 히히."
"비단이 좋기는 하네. 색깔도 참 곱고!
 하지만 너무 비싸서 우리 같은 사람이 아니면 누가 사겠어요?
 그럼, 이것으로 한 필만 줘요."
"안 돼요. 히히."
"글쎄, 스무 냥 다 드린다니까요."
"안 돼요. 말 많은 사람한테는 안 팔아요. 히히."
"뭐라고요?"

이렇게 해서 총각은 온종일 비단
한 필도 못 팔고, 다시 집으로 향했어.
그러다 어느 절 앞을 지나가는데,
돌부처가 자기의 비단을 보고
빙긋 웃는 것 같았어.

바보 총각의 비단 팔기

"손님! 이 비단이 마음에 드세요? 히히."

총각이 몇 번을 물어봐도 돌부처는 아무 말이 없었지.
'옳지. 이 손님은 진짜 말이 없는 사람이구나. 히히.'
총각은 기뻐하며 비단을 펼쳐 보였어.

"보세요. 한 필에 스무 냥이에요. 세 필 다 사시겠어요? 히히."
"……."
"지금 돈이 없나 본데 괜찮아요.
 내일 다시 올 테니, 여기서 만나요. 히히."
"……."
"진짜 좋은 사람이네. 말을 한마디도 안 하잖아. 히히."

총각은 비단 세 필을 모두 돌부처의 어깨에 휘감아 주고,
신이 나서 집으로 돌아왔지.

"어머니, 말 없는 사람한테 비단 세 필을 모두 팔았어요."
"잘했다. 아니, 그런데 비단 판 돈은 어디 있느냐?"
"내일 받기로 했어요. 히히."
"아니, 돈도 받지 않고 비단을 다 주었다는 말이냐?"
"걱정하지 마세요. 내일 꼭 받아 올 테니까요. 히히."

다음 날 총각이 돌부처를 찾아갔더니,
비단은 온데간데 없었어. 간밤에 도둑이 비단을 다 훔쳐 갔지.
그 사실을 모르는 총각은, 반가워하며 말했어.

"약속대로 나와 주셨군요. 히히."
"……."
"그럼, 비단값 주세요. 히히."
"……."
"어제 사 가신 비단값 말이에요. 히히."
"아이! 어서 비단값 달라니까요."

총각은 시치미를 뚝 떼고 있는 돌부처를 잡아당겼어.
그 바람에 돌부처가 앞으로 넘어지고 말았어.

"꽈당!"
"아니, 이게 뭐지?"

총각은 돌부처가 서 있던 자리에서
금은보화가 번쩍거리는 것을 보고 깜짝 놀랐어.
그것은 도둑들이 훔친 물건과 비단 판 돈을
감춰 놓은 것이었어.

"에이, 진작 돈을 갖고 왔다고 말씀하시지.
아까는 넘어뜨려 죄송해요. 히히."

총각은 돌부처를 제자리에 세워 놓고,
보물을 가지고 집으로 돌아왔지.

"아니, 이게 웬 보물이냐?"
"비단 판 값이에요.
어머니 말씀대로 말이 없는 사람이 정말 좋은 사람이지 뭐예요.
히히."

어머니는 총각을 칭찬했어.

"그래, 참 잘했다. 앞으로도 장사는 그렇게 해야 한다. 알겠니?"
"예, 어머니. 히히."
"우리 아들한테 남다른 재주가 있을 줄 알았다니까!"

그 후 총각은 어머니를 모시고 오래오래
행복하게 잘 살았대.

변호사가 되어 함께 해결하기

도둑이 훔쳐 숨겨 놓은 물건을 발견하였다면, 어떻게 해야 할까요?

도둑이 훔쳐서 숨겨 놓은 물건을 장물이라고 해요. 장물인지 모르고 정당하게 취득할 때는 죄가 되지 않아요. 그러나 장물이라는 것을 알고도 취득하거나 갖고 있으면 **장물취득죄, 보관죄**가 됩니다. 장물을 보면 즉시 경찰에 신고해야 합니다. 그래서 원래 소유자에게 물건을 돌려줄 수 있도록 협조하는 것이 바람직해요.

총각은 보물을 가져도 될까요?

총각은 말 없는 사람이 보물로 비단값을 치렀다고 생각하였다고 해도 그 보물을 가질 수는 없어요. 주운 물건을 마음대로 처리하거나 사용하면 **점유이탈물횡령죄**가 될 수 있어요. 버려진 물건이 아닌 것이 분명한데 가져가면 절도죄가 되지요.

물건을 주웠을 때 어떻게 해야 할까요?

식당처럼 관리자가 있는 곳에서 물건을 주웠으면 관리자에게 맡겨 둡니다. 아무도 없는 곳에서 물건을 주웠으면 물건을 주운 후 7일 이내에 그 물건을 경찰서나 파출소에 맡겨야 해요. 그러면 물건을 맡은 경찰서는 경찰서 게시판에 이 사실을 알려야 해요(수사상 필요할 때는 알리지 않을 수도 있음). 주운 물건이나 장물을 경찰서에 맡긴 후 1년이 지나도록 물건의 주인이 나타나지 않으면, 그 물건을 주운 사람이 임자가 되지요.

    이 이야기에서 총각은 보물을 주웠다고 관가에 신고해야 해요. 이 총각은 남의 물건을 주워 온 것이 아니라 비단값을 받은 것으로 알았으니 처벌받지는 않겠군요.
그리고 법에서 정한 시간이 지나도록 주인이 나타나지 않으면 총각은 보물을 가질 수 있어요.

4 수달은 누구 것?

어느 가난한 약초꾼이 설 쇨 돈이 없자,
족제비라도 잡아 팔 생각으로 산으로 갔어.
약초꾼은 온종일 산속을 헤매다, 족제비 굴 하나를 찾아
파헤쳤어. 그런데 그 속에서 족제비 대신 수달이 뛰쳐나왔지.
'옳지! 저 수달을 잡아 가죽을 팔면, 값이 꽤 나가겠는걸!'
예부터 수달 가죽은 매우 귀해서, 족제비 털가죽의 몇 배를
받고 팔 수 있었어. 그래서 약초꾼은 수달을 잡으려고 정신없이
쫓아갔어. 수달은 마을로 달아났어.
그런데 갑자기 어디선가 개 한 마리가 달려들더니,
수달을 물고 제집으로 들어가 버렸어.

"어서 그 수달을 내놓지 못해?"

약초꾼은 얼른 달려가 개에게서 수달을 빼앗으려 했지.
그러자 개 주인이 나타나 가로막았어.

"대체 무슨 일이오?"
"내가 잡으려던 수달을 당신 개가 가로채 갔소.
그러니 좀 돌려주시오."

개 주인은 수달을 보자,
약초꾼에게 주기 아까운 생각이 들었지.

"뭐라고요? 수달을 잡은 것은 바로 나의 개요.
내 개가 잡은 것을 달라니, 말도 안 돼요."
"그게 무슨 말씀이오? 사실 그 수달은 내가 산속에서 발견해
여기까지 몰고 온 것이오. 설 쇨 돈을 마련하려고 쫓아다니다
간신히 잡게 된 것이니, 부디 돌려주시오."

약초꾼이 아무리 사정해도 개 주인은 들어 주지 않았어.
한참을 *승강이하다, 마침내 개 주인이 말했어.

● **승강이**: 서로 자기의 주장을 고집하며 옥신각신하다(실랑이: 승강이와 같은 뜻으로 사용됨. 또는 이러니저러니, 옳으니 그르니 하며 남을 못살게 굴거나 괴롭히다)

"좋소. 그럼, 누가 진짜 임자인지, 관가에 가서 재판해 봅시다."

그러자 구경하던 마을 사람 하나가 말했어.

"마침 주막에 이웃 마을 사또께서 들러 계신다고 하니,
멀리 갈 것 없이 그리로 가 보시오."
"그럼, 당장 가 봅시다."

그때 이웃 마을의 사또는 동네 아이들이 제법 그럴듯하게
원님놀이 하는 것을 흥미롭게 보고 있었어.
두 사람은 사또에게 재판해 달라고 했지.

"사또 나리! 제가 수달을 발견해서 마을까지 쫓지 않았다면,
 개가 어떻게 수달을 잡았겠습니까?"
"하지만 저희 개가 수달을 잡지 않았다면,
 저 약초꾼이 수달을 놓쳤을지 누가 압니까?"

두 사람의 이야기를 들은 사또는 원님놀이 하던
아이들이라면 어떻게 판결할까, 궁금해졌지.

"나는 이웃 마을 사또다.
 지금 이 마을의 사또는 바로 저 아이니,
 저 아이에게 가서 아뢰어라."

사람들은 저런 어린아이가 무얼 알까,
사또의 속뜻이 뭘까, 수군거렸어.

그런데 어린 사또는 서슴없이 판결했어.

"듣거라! 약초꾼은 수달을 쫓았고, 개는 수달을 잡았다.
그런데 약초꾼은 수달의 가죽을 얻으러 쫓아갔고
개는 고기를 먹으려고 잡았다.
그러니 가죽은 약초꾼에게 주고
고기는 개에게 주도록 하여라."
"과연 현명한 판결이로다."

사또가 듣고 보니 정말 옳은 판결이어서, 곧 명을 내렸어.

"여봐라, 어서 사또의 분부대로 하여라!"

구경꾼들은 모두 손뼉을 쳤고, 약초꾼도 기뻐했어.
사실 개 주인도 수달 가죽이 욕심났지만,
이치에 맞는 판결에 더 이상 할 말이 없었지.
그리고 사또는 지혜로운 판결을 한 어린 사또에게
큰 상을 내렸대.

변호사가 되어 함께 해결하기

수달과 같은 야생동물은 누구의 것일까요?

야생동물은 '**무주물**'이라고 하여 누구의 소유도 아닙니다. 그래서 자기가 가질 생각으로 먼저 잡는 사람이 임자예요.

그런데 이 이야기에서는 누가 수달을 잡았다고 보아야 할까요? 아무리 생각해 보아도 약초꾼과 개가 함께 잡았다고 보아야 할 것 같군요. 하지만 개와 같은 동물은 물건을 가질 수 없으니 개가 야생동물을 잡은 경우, 그 야생동물은 개의 주인 것이 됩니다.

약초꾼과 개 주인이 함께 수달을 갖게 되었다면, 각자의 몫을 어떻게 나눠야 할까요?

우선 그 비율은 수달을 잡는데 약초꾼과 개 중에서 누구의 힘이 컸는지에 따라 정할 수 있어요. 그런데 만약 약초꾼과 개 주인이 수달을 반반으로 나누어 갖기로 하였다면 어떻게 나눌까요? 고기를 반으로 나누는 것은 문제가 없겠지만, 가죽을 반으로 찢으면 값어치가 매우 줄어들겠지요.

가죽을 반으로 자르지 않고 나누는 방법은 없을까요? 이럴 때는 법원에 나누는 방법을 신청하면 됩니다. 그러면 법원에서는 수달 가죽을 팔아 그 값을 반반으로 나눠주기 때문에, 수달 가죽을 찢지 않아도 되지요.

오늘날 야생 수달을 잡아도 될까요?

국가와 지방자치단체는 야생동물의 보호, 관리, 질병 연구 등의 의무가 있어요. 특히 수달은 현재 멸종위기 야생동물 1급으로 분류되어 °**천연기념물**로 정해져 있어요. 지금 수달을 잡는다면 '**야생동물 보호 및 관리에 관한 법률**'에 따라 벌을 받게 되고, 잡은 수달도 나라에서 몰수하기 때문에 수달 가죽도 가질 수 없어요. 그러니까 오늘날에는 수달을 잡아서는 안 됩니다. 덫, 올무 등 야생동물을 잡는 도구의 제작·판매·소지·보관도 금지해요. 이러한 **야생동물 보호법**은 야생동물 멸종을 예방하고, 다양한 생물이 살게 하여 결국 사람과 동물이 함께 공존할 수 있는 자연환경을 만들기 위해서 만들어졌어요.

- **천연기념물**: 자연유산의 보존 및 활용에 관한 법률이 보호하기로 정한 천연물을 통틀어 이르는 말

5
어리석은 풍산수와
오리 도둑

임금의 친척 중에 풍산수라는 사람이 살았어.
풍산수는 콩과 보리도 구분하지 못할 정도로 어리석었는데
오리를 많이 길렀어.

"꽉 꽉꽉, 꽥 꽥꽥!"

오리들이 이리저리 흩어져 놀러 나가면,
풍산수는 깜짝 놀라 소리쳤어.

"아이고, 이를 어쩌나!
내 오리 도둑맞았네!"

그러다 오리들이 떼를 지어 먹이를 먹으러 모이면,
풍산수는 좋아서 춤을 추었어.

"얼씨구나!
내 오리 다시 찾았네!"

오리를 도둑맞을까 봐 늘 걱정하던 풍산수는,
어느 날 친구에게 물었지.

"여보게, 오리가 이렇게 많으니,
밤중에 누가 몰래 한 마리를 가져가도 모르겠지?
무슨 좋은 수가 없을까?"
"그야 오리의 수를 세어 놓고,
매일 그 수가 맞는지 확인하면 될 것 아닌가?"
"아 참, 그렇군!"

그렇지만 풍산수는 셈을 할 줄 몰랐지.
그래서 하는 수 없이
한 쌍씩 짝이 맞는지 알아보았어.

"한 쌍, 또 한 쌍, 또 한 쌍······.
옳지, 짝이 모두 맞는군!"

그런데 그날 밤, 그 집 하인이 몰래 오리 한 마리를 잡아먹었어.
'주인은 오리가 몇 마리인지 셀 줄 모르니,
한 마리쯤 잡아먹어도 모르겠지?'
다음 날 아침 풍산수는 오리 한 쌍씩 짝을 맞춰 보고는,
깜짝 놀랐어.

"한 쌍, 또 한 쌍, 또 한 쌍······. 아니,
한 마리가 짝이 없잖아?"

풍산수는 화가 나서 펄펄 뛰며 하인을 불러 다그쳤어.

"네 이놈! 오리 한 마리가 모자라니 어찌 된 일이냐?
네가 잘 지키지 못했으니,
당장 채워 놓지 않으면 쫓겨날 줄 알아라!"
"예! 사흘 안으로 채워 놓겠습니다."

하인은 주인이 어떻게 오리 한 마리가 없어진 것을 알았을까
궁금했어. 그래서 다음 날 몰래 풍산수를 지켜보았지.

어리석은 풍산수와 오리 도둑

그랬더니 풍산수는 오리 한 쌍씩 짝을 지어 보는 것이었어.
'옳지! 짝이 맞나 안 맞나 보고 아셨구나!'
하인은 그날 밤 오리 한 마리를 더 잡아먹었어.
그러자 그다음 날 풍산수는 오리를 세어 보더니,
머리를 끄덕였어.

"옳거니! 이제야 짝이 딱 들어맞는군.
엊그제 겁을 주었더니,
그 녀석이 이렇게 오리 한 마리를 알아서 채워 놓았군 그래."

풍산수가 아무것도 모르자,
하인은 고소한 오리고기 맛이 더욱 떠올랐어.
'딱 한 번만 더 잡아먹을까?'
하인은 또 오리 두 마리를 꿀꺽 잡아먹었어.

그러다 그 버릇을 버리지 못해,
결국 그 많은 오리를 야금야금 다 잡아먹고 말았지.

"아니, 내 오리가 다 어디 간 거지?"

그제야 풍산수는 오리가 없어진 것을 알고,
하인을 붙잡아 관가에 넘겼어.

"아이고, 내가 너무 많이 잡아먹었나?"
"아무도 모르는 일이라도 꼬리가 길면 잡히는 법이지.
하하하."

결국 하인은 오리 잡아먹은 얌생이 짓이 들통나,
오리값을 다 물어 주고 감옥에 갇히게 되었대.

변호사가 되어 함께 해결하기

똑같은 범죄라 하더라도 피해자의 처지에 따라 벌의 차이가 있어야 할까요, 없어야 할까요?

누구에게나 친절하고 공손해야 하지만, 특히 노인이나 어린아이 또는 몸이나 정신이 불편한 사람들에게는 더욱 잘 대해 주어야 해요. 그리고 도움을 받아야 할 사람에게 피해를 주는 것은 보통 사람에게 피해를 주는 것보다 더 나쁜 일이에요. 그래서 피해자의 처지에 따라 더 무거운 벌을 받을 수 있어요.

　이 이야기에서 하인은 셈을 잘하지 못하는 풍산수의 오리를 매일 훔쳐 먹었어요. 그러니 피해자가 보통 사람일 때에 비해 더 무거운 벌을 받는 것이 마땅합니다. 오늘날에는 남의 것을 훔친 **'절도죄'** 외에 추가로 장애인복지법에 따른 **'가중처벌'**이 적용되어 더욱 중한 벌을 받아요.

하인이 오랫동안 반복해서 여러 번 오리를 훔쳤는데, 이럴 때는 어떤 벌을 받게 될까요?

하인이 한두 번 오리를 훔쳤다면 단순한 '**절도죄**'로 벌을 받지요. 그런데 하인은 반복하여 훔치는 잘못을 저질렀어요. 이같이 짧은 기간 내에 범죄를 반복하여 저지르는 습관이 있는 경우에는 상습범으로 처벌합니다. 하인도 범죄의 습관이 인정되어 '**상습 절도죄**'라는 더욱 무거운 죄로 벌을 받아요.

형벌을 받고 나면 오리값을 물어 주지 않아도 될까요?

어떤 잘못을 하였을 때 그 잘못을 처벌하는 법률이 있으면 재판을 해서 형벌을 받게 됩니다. **형벌**의 종류로는 **사형, 무기징역, 징역, 벌금** 등이 있어요. 잘못된 행동으로 다른 사람에게 손해를 입히면 그 손해를 물어 주어야 해요. 형벌을 받았다 하더라도 손해를 물어줄 책임이 없어지는 것은 아니에요. 이야기 속의 하인은 '**상습절도죄**'로 형벌을 받고, 오리값도 물어 주어야 합니다.

6
과부의 닭과 사냥꾼의 매

어느 산골 다 쓰러져 가는 초가집에,
가난한 과부가 살았어. 과부는 친척이 한 명도 없는
외돌토리였어.
그렇지만 부지런한 과부는 닥치는 대로 •뜬벌이 해서
겨우 씨암탉 한 마리를 마련했어.
그런데 어느 날, 사냥꾼이 잘 훈련한 매를 시켜
꿩을 뒤쫓고 있었어.
매한테 쫓기던 꿩은 마을로 숨어들었어.
매는 꿩이 보이지 않자,
마침 그 과부의 집에서 모이를 쪼고 있던 닭을 잡았지.

● **뜬벌이**: 일정한 벌이가 아닌 어쩌다 생긴 일자리에서 닥치는 대로 하는 벌이

"에쿠나! 하나뿐인 우리 집 씨암탉을 매가 쪼아 죽이다니!"

과부는 놀라 •뭉치로 매를 후려쳤고,
그 바람에 매는 죽고 말았어.
그러자 우락부락한 사냥꾼이 달려와 으르렁댔어.

"아니, 이 매가 얼마인지나 아시오?
남의 귀한 매를 죽게 했으니, 맷값을 물어내시오."
"그렇지만 당신 매가 먼저 우리 씨암탉을 죽였단 말이에요."

그러나 사냥꾼은 과부의 말은 아랑곳하지 않고,
맷값을 물어내라고 윽박질렀어.
과부는 기가 막혀 관가로 찾아갔어.
사또가 보니 과부의 사정이
너무 딱하였어.
그리고 부득부득 우기며
자기의 잘못을 인정하지 않는
사냥꾼이 괘씸했지.

● **뭉치**: 짤막하고 단단한 몽둥이

"사냥꾼은 듣거라!
 매는 무엇을 잡느냐?"
"예, 꿩을 잡습니다."
"매의 값은 얼마나 나가느냐?"

사냥꾼은 값을 많이 받아내려고 비싸게 불렀어.

"제 매는 워낙 길을 잘 들인 매이지요.
 그래서 저 과부의 초가집을 팔아도 값이 모자랄 것입니다."
"그럼, 솔개는 무엇을 잡느냐?"
"그야, 솔개는 닭이나 개구리를 잡습니다."

"그러면 솔개의 값은 얼마나 나가느냐?"
"약에나 쓴다면 모를까,
 팔려고 하면 값이 나가지 않을 것입니다."
"분명 매는 꿩을 잡고, 솔개는 닭을 잡는다고 했지?"

사또는 다시 한번 사냥꾼에게 다짐을 두었어.

"예, 그렇습니다."
"그러면 너의 매는 남의 닭을 잡았으니,
 매가 아니고 솔개가 분명하구나!

네가 분명 솔개는
값이 나가지 않는다고 그랬겠다."
"예에……?"

사냥꾼은 두말할 수가 없었지.
마침내 사또는 판결했어.

"네 솔개가 남의 집 씨암탉을 물어 죽였으니,
너는 마땅히 닭값을 물어 주어야 할 것이다."

그래서 가난한 과부는 다시 씨암탉을 마련할 수 있게 되었대.

변호사가 되어 함께 해결하기

과부는 사냥꾼에게 맷값을 물어 주어야 할까요?

답을 찾기 위해서는 매와 인간과의 관계를 생각해보아야 해요. 우리 선조들은 오래전부터 매를 훈련하여 사냥에 이용하였어요. 야생의 매는 날지니, 산지니라고 불렸지만 길들인 매에게는 다른 이름을 붙였지요. 태어난 지 1년이 안 된 새끼를 길들여 사냥에 쓰는 매를 '보라매'라고 하고, 보라매를 1년간 길들인 매를 '수지니'라고 부르며 매의 꼬리에 표시도 해두었어요. 그렇다면 이야기 속의 매가 주인이 있는 매일 수도 있고 야생에 사는 매일 수도 있어요. 주인이 없는 야생의 매라면 과부가 매를 죽였다고 해도 맷값을 물어줄 필요가 없지요. 그런데 매를 길들인 주인이 있다면 당연히 그 주인에게 맷값을 물어 주어야 합니다.

    매를 부르는 이름이 있고 꼬리에 •시치미가 묶여 있다면 매를 길들인 주인이 있는 매라는 표시이므로 주인에게 맷값을 물어주어야 하고, 그렇지 않다면 맷값을 물어줄 필요가 없지요. 이 이야기에서 과부가 몽둥이로 매를 후려쳤을 때, 그 매가 주인이 있고 길들인 매라는 사실을 알았을까요? 그렇다면 과부는 맷값을 물어 주어야 합니다.

● **시치미**: 매의 주인을 밝히기 위하여 주소를 적어 매의 꽁지 속에 매어 둔 네모꼴의 뿔(시치미 떼다: 고려 때 어떤 사람이 사냥매에 붙여 놓은 시치미를 떼어 버리고 자신이 그 매의 주인인 양 행세했던 일에서 유래한 말. '알고도 모르는 체 하는 행동이나 말'을 일컫는다).

어떤 경우에 과부가 맷값을 물어주지 않아도 될까요?

먼저 과부가 그 매를 산이나 들에서 자란 매로 알았다면, 물어 줄 필요가 없어요. 또한 매가 닭이 아니라 어린아이를 다치게 하려 했거나, 맷값보다 더 중요한 사람의 몸이나 재산에 해를 입히려 했을 때는 물어 주지 않아도 돼요. 더구나 이러한 피해를 막을 다른 방법이 없었다면, 과부는 그 매가 주인이 있다는 사실을 알았다 하더라도 때려잡을 수 있어요. 그리고 맷값을 물어 줄 필요도 없어요.

매의 주인인 사냥꾼은 과부의 닭값을 물어 주어야 할까요?

동물을 기르는 사람은, 그 동물의 종류와 성질에 따라 잘 보살필 책임이 있어요. 그래서 동물을 제대로 보살피지 않아서 그 동물이 남에게 피해를 보게 한 경우에는 손해를 물어 주어야 합니다.

    매는 닭을 공격하는 성질이 있지요. 그런데 사냥꾼은 닭을 기르는 마을 근처에서 사냥하게 길들인 매로 사냥했어요. 그러니까 사냥꾼은 동물을 제대로 보살피지 않은 책임을 져야 하지 않을까요? 그러니 과부는 매 주인에게 닭값을 달라고 할 수 있어요.

7
게으름뱅이의 황소 되팔기

어느 곳에 일하기는 싫어하고,
놀기만 좋아하는 게으름뱅이 아버지와 아들이 있었어.
아들은 *떠꺼머리총각이 되었지만,
아버지나 아들이나 빈둥빈둥 놀면서 있는 재산을
까먹기만 하여 모아 놓은 재산이 없었어.

● **떠꺼머리총각**: 장가 들 나이가 지난 몸으로
　머리를 길게 땋아 늘인 총각

"에고, 며느리라도 들어오면 정신을 차릴지 모르니 안 되겠어요.
당신이 어디 가서 아들 장가보낼 밑천이라도 마련해 오세요."

어느 날, 아버지는 아내의 등쌀에 못 이겨,
남아 있던 살림살이를 모두 팔았어.
그리고 그 돈으로 송아지 한 마리를 사 왔지.

"너도 이제 나이가 꽉 차지 않았느냐?
그러니 이 송아지라도 잘 키워 팔아,
장가갈 돈을 마련해 보자꾸나."

그래서 아버지와 아들은 그 송아지를 길들이기 시작했어.

"이랴! 끌끌!"
● "어디여! 어디여!"
●● "워! 워!"
"어이구, 이 송아지가 어디로 가는 거야?"

송아지는 너무 어려 말을 알아듣지 못하고,

● **어디여**: 소가 길을 잘못 들려고 할 때 꾸짖어 바른길로 모는 소리
●● **워워**: 소에게 멈추라고 외치는 소리

자꾸 다른 방향으로 가며 *뜸베질만 했어.

"안 되겠다. 내가 앞에서 잡아끌 테니, 네가 뒤에서 몰아 봐라."

그래서 아버지가 앞에서 고삐를 쥐고
아들의 신호에 따라 소를 끌게 되었어.

"이랴! 이랴! **저라!"
"아이고, 이 녀석아! 도대체 어느 쪽으로 가라는 말이냐?"
 그런데 아들은 송아지 앞에 아버지가 있으니
"이랴! 이랴!" 하기도 난처했고,
 아버지는 아버지대로 어느 쪽으로 가라는 건지 알 수가 없었어.

- **뜸베질:** 소가 뿔로 물건을 마구 들이받는 짓
- **저라:** 소를 왼편으로 모는 소리

그래서 아들은 이렇게 말했어.

"아버지, 오른쪽으로 가요, 이랴!"
"오냐."
"아버지, 왼쪽으로 가요, 저랴!"
"오냐."
"아버지, 이번에는 왼쪽으로 돌아보세요, 저라!"

그래서 송아지는 원하는 방향으로 가게 되었어.
이렇게 길들이다 보니 어느덧 제법 큰 황소가 되었지.
아버지와 아들은 황소를 장으로 끌고 갔어.
그리고 값을 많이 받고 팔았어.
그런데 며칠 후 황소를 산 새 주인이 헐레벌떡 찾아왔어.

"아이고 돈을 더 얹어 드릴 테니, 제발 이 소를 물러 주십시오.

아무리 '이랴! 이랴!' 해도 소가 제대로 가지 않으니,
도무지 일을 할 수 있어야지요."

그야 물론 아들이 늘
"아버지, 오른쪽으로 가요, 이랴!" 하고 길들였으니,
그냥 "이랴! 저라!" 해서는
소가 알아듣지 못하는 게 당연한 일이었지.
아버지와 아들은 소를 물러 주고 나서 말했어.

"소는 그대로인데 돈이 저절로 생겼구나."
"잘하면 가만히 앉아 돈을 벌게 생겼어요. 하하."

아버지와 아들은 장에 가서 또 낯 모르는 사람에게
소를 팔았어. 며칠 후, 소를 산 사람은
다시 돈을 더 얹어 주면서 물러 달라고 했어.
이렇게 또 팔고 또 팔고 몇 번을 하다 보니,
장가갈 밑천이 저절로 생겼지.

"얘야, 이제 장가가도 되겠구나."
"아버지, 지금 장가가는 게 중요한가요?
이제 몇 번만 더 하면,
우리는 이 동네에서 제일가는 부자가 될 텐데요."
"하긴 그렇구나."

그래서 아들은 가만히 앉아 소 파는 재미에
또 팔고 또 팔고 하다가
늙도록 장가도 못 갔지.
그리고 결국 이 사실이 들통나
감옥에 갇히게 되었대.

변호사가 되어 함께 해결하기

아버지와 아들에게 소를 산 사람들은 돈을 더 얹어 주며 소를 물러달라고 했어요. 아버지와 아들은 어떤 잘못을 했을까요?

옛날 우리나라의 소는 농가에서 하는 일이 많았어요. 소는 논밭을 갈고, 수레를 끌어야 하므로 사람이 지시하는 간단한 말, 즉 이랴, 저라, 어디여, 워워 정도의 말귀는 알아들어야겠지요. 따라서 이러한 말을 알아듣지 못하는 소는 제값에 팔리지 못하는 뭔가 문제 있는 소라고 할 수 있어요.

이 이야기에서 아버지와 아들은 보통 소들이 알아듣는 "이랴!"라는 말 대신 "아버지, 오른쪽으로 가요, 이랴!"라는 말로 소를 길들였습니다. 그러니 그 소를 산 새 주인은, 그 소를 부리는 방법을 알 수 없어 무척 애를 먹었겠군요.

그렇다면 아버지와 아들은 그 소를 부리는 방법을 새 주인에게 정확히 알려주었어야 해요.

소를 산 새 주인이 손해 보지 않는 방법이 있을까요?

새 주인은 그 소가 문제 있는 소라는 사실을 밝혀 소를 사고판 계약을 취소할 수 있어요. 계약을 취소하면 소를 돌려준 대신 솟값을 전부 돌려받을 수 있지요. 다시 말하면, 소의 새 주인은 원래 소 주인에게 돈을 더 얹어 줄 필요가 없어요. 그 대신 소를 되돌려주고, 자신이 주었던 솟값 전부를 돌려받을 수 있어요.

게으른 아버지와 아들은 새 주인에게 솟값만 돌려주면 그만인가요?

두 사람은 그 소가 보통 사람들의 말귀를 알아듣지 못한다는 사실을 잘 알았어요. 그런데도 그 사실을 숨기고 소를 팔았기 때문에, **사기죄**로 벌을 받을 수 있어요. 물건을 파는 사람은 물건의 상태를 정직하게 말해야 해요. 그리고 사는 사람은 주의를 기울여 물건을 확인해야 합니다.

8
엄큼 대왕과 대동강 물값

어느 시골에,
남의 돈을 가로채 많은 돈을 모은 시골 부자가 있었어.
시골 부자는 무슨 재주가 있는지,
웬만한 장사꾼 중에 돈을 떼이지 않은 사람이 없었지.
그런데 시골 부자는 그것으로도 부족해,
있는 돈을 다 모았지. 그리고 그 돈을 당나귀에 싣고
사람들이 많이 사는 평양으로 갔어.

"밑천 적게 들이고 큰돈 벌 게 뭐 없나?"

시골 부자는 여기저기
기웃거렸지.
그러자 벌써 소문을 들은
평양 장사꾼들은 자기 재산을

빼앗길까 봐 걱정했어.
그래서 장사꾼들은 꾀 많은 김 선달에게 부탁했어.

"선달님! 못된 시골 부자가 왔다는 소식 들으셨소?
또 우리 돈을 꿀꺽꿀꺽 가로채지 않을까
불안해 못 견디겠소.
그러니 선달님이 그 •엉큼 대왕을 좀 쫓아 주시오."

김 선달은 평양 사람들의 간절한 부탁을 거절할 수가 없었어.

"정 그렇다면 한번 해 봅시다. 우선 동전을 모아 주십시오.
일이 끝나면 돌려드리지요."

김 선달은 평양 장사꾼들이 모아준 동전 한 자루를 메고,
대동강 가까이에 있는 집들을 찾아갔어.
그러고는 집마다 동전을 한 닢씩 나눠 주며 부탁했어.

"이 동전을 받아두었다가,
내일 아침 대동강 물을 길은 뒤 내게 돌려주시오."

● **엉큼대왕**: 엄큼한 짓을 잘하는 사람을 놀리듯이 하는 말

다음 날 아침,
시골 부자는 바람을 쐬러
대동강 강가를 거닐다 눈이 휘둥그레졌지.
물 길으러 나온 수많은 사람이,
돌아가면서 웬 사내의 자루에 돈을 한 푼씩 던지고
가는 것이었어.

"여보시오, 지금 무엇을 하고 있소?"
"보면 모르오? 물값을 받는 중이오."
"아니, 물값으로 얼마나 받소?"
"물 한 지게 길어 갈 때마다 동전 한 닢씩 받지요."

시골 부자가 가만히 보니,
잠깐 사이에 돈 자루가 불룩하게 차올랐어.

"세상에, 이런 돈벌이가 다 있다니!
대동강물은 일 년 내내 저절로 흐르지.
사람들은 물 안 마시고 살 수 없지.
그러니 흐르는 강물처럼 돈이 쏟아질 돈벌이구나."

시골 부자는 김 선달에게 바싹 다가가 소곤거렸어.

"여보시오. 저 대동강을 내게 팔지 않겠소?"
"팔다니! 그런 말 마시오."

김 선달이 일부러 딱 잘라 말하니,
시골 부자는 더욱 안달이 나서 매달렸어.

"내 부르는 대로 값을 주겠소."
"글쎄, 안 된다니까요.
이 대동강은 집안 대대로 내려오는 가보요.
게다가 여기서 나오는 돈으로 백 명도 넘는
가족과 친척들이 살아가는데,
이것을 팔면 그 식구들은 다 어쩌라는 말이오?"

김 선달은 일부러 °두름길로 빙 돌아가며 시간을 끌었지.
시골 부자는 마음이 더 급해졌어.
그래서 갖고 온 돈 자루를 당나귀에 실으며 떠맡기다시피 했어.
그리고 다락다락 졸라댔지.

"이건 내 전 재산이나 마찬가지이니 제발 좀 파시오."

● **두름길**: 둘러서 가는 길(지름길의 반대말)

그제야 김 선달은 못 이기는 척하며 당나귀를 끌고 갔어.
다음 날, 꼭두새벽부터 시골 부자는 덩실거리며
대동강 강가로 달려갔어.
그러고는 커다란 돈궤를 옆에 놓고 앉아 있었어.
그런데 물 길으러 온 사람들은 웬일인지 돈을 내지 않고
그냥 가는 것이었어.

"여봐, 돈을 내고 가야지."
"돈이라니? 무슨 돈 말이오?"
"이 사람들이 소식도 못 들었나?
 내가 어제 이 대동강을 샀단 말이야.
 그러니 이제는 내게 물값을 내고 가야지."
"지금 제정신으로 하는 소리요?
 이 대동강이 어째서 당신 것이오?
 조상 대대로 아무나 길어 먹는 물을 가지고 돈을 내라니,
 무슨 뚱딴지같은 소리요?"

사람들이 그냥 가 버리자,
부자는 발을 동동 구르며 따져 물었어.

"이놈들아! 어제까지만 해도 물값으로 동전 한 닢씩

자루에 던지고 가지 않았느냐?"
"그건 물값이 아니라, 미리 나눠 주었던 돈을 돌려준 것이오."
"아이고, 내가 속았구나."
"돈에 눈이 어두워 앞뒤도 분간 못 하시는구려.
대동강보다는 저 하늘의 구름이나 사실 걸 그랬소.
그럼, 온 세상 사람들에게 돈을 받아 낼 수 있을 것 아니겠소?
하하하!"

시골 부자는 못난 짓을 한 것이 부끄러워
다시는 평양에 나타나지 못했대.

변호사가 되어 함께 해결하기

시골 부자와 김 선달의 거래가 효력이 있을까요?

김 선달은 대동강물을 사고팔 권리가 자기에게 있다고 시골 부자에게 거짓말했어요. 그리고 그 거짓말을 믿게 하려고, 마을 사람들과 미리 짜고 물값을 자기에게 주는 것처럼 꾸몄어요. 그리고 대동강물을 시골 부자에게 팔았어요. 상대를 속여서 그 사람이 착오를 일으키게 하고 재물을 받는 행동은 사기입니다. 사기를 당한 사람은 그 계약을 취소할 수 있어요. 그래서 시골 부자는 김 선달에게 당나귀와 돈 자루를 돌려받을 수 있습니다. 그리고 김 선달은 **사기죄**로 처벌받을 수 있어요.

부자는 남의 돈을 가로채 많은 재산을 모았어요.
그런 부자를 골려 준 김 선달의 행동이 바람직할까요?

아무리 시골 부자가 잘못을 했다고 해도 관가에 고발하지 않고 그 사람의 돈을 사기 수법으로 빼앗는 것은 또 하나의 범죄일 뿐이에요. 국민이 법을 어기면 국가가 합당한 처벌을 하고 손해를 배상하도록 강제하고 있어요. 억울하다고 해서 개인이 마음대로 보복하거나 손해를 만회하기 위해 남의 재산을 함부로 가져오는 '**사적제재**'는 금지되고 있어요. **사적제재**를 허용하면 피해자의 감정에 따라 과도하게 처벌할 수 있을 뿐 아니라 또 다른 보복을 낳아 악순환을 초래할 수 있어요.

물론 국가의 처벌은 시간이 오래 걸리고, 처벌의 정도가 가볍게 느껴질 수는 있지만 전문적인 수사기관의 수사와 공정한 재판부의 판단에 따르는 것이 옳아요. 요즘 유튜버들이 잘못한 사람들에 대하여 실명, 사진, 직업 등을 공개하여 관심을 받고 있지만 그런 행동은 **형사처벌**이 이루어지고 있어요.

강물을 사람들끼리 사고팔 수가 있는지 알아볼까요?
만일 어느 한 사람이 강물을 가질 수 있다면 어떤 문제가 생길까요?

한강 등 **하천법**이 정한 하천은 국가의 것입니다. 한강, 낙동강, 금강 등 큰 하천은 **국가하천**이라고 하며 국토교통부 장관이 관리하지요. 그보다 작은 규모의 하천은 지방하천이라고 하며 시장 또는 도지사가 관리하지요. 따라서 강물은 어떤 한 사람이 가질 수 없고, 사람들이 사고팔 수 없어요.

강물은 식수, 농업용수, 공업용수 등으로 사용되기 때문에, 개인이 관리하기보다는 국가나 지방자치단체에서 관리하는 것이 옳아요. 만일 개인이 강물을 가지고 그 물을 팔지 않겠다고 하거나, 마음대로 더럽힌다면 큰일 나기 때문이에요.

9
덤벙덤벙 농부와 소 내기

매우 더운 여름날이었어.
덤벙대기 잘하는 농부가 소를 몰고 밭을 갈다,
잠시 나무 그늘에서 쉬고 있었어. 그때, 한 스님이 시주받은
쌀을 넣은 •바랑을 지고 가다 그늘로 들어왔어.

"아유, 스님! 날씨가 무척 덥지요?
비가 너무 안 와서 논밭이 다 마르니 큰일입니다."
"걱정하지 마십시오. 오늘은 비가 올 것 같습니다."

● **바랑**: 중이 등에 지고 다니는 자루 같은 큰 주머니

"아유, 참 스님도…….
하늘에 구름 한 점 없는데, 무슨 비가 오겠습니까?"

농부는 스님의 말을 무시하며 큰소리를 떵떵 쳤지.

"아니요! 틀림없이 비가 올 것입니다."
"에이, 그럴 리가 없다니까요."
"허허, 꼭 비가 옵니다."

농부는 햇볕이 쨍쨍하니 보나 마나
비는 오지 않을 것으로 생각했어.
그래서 앞뒤 재지 않고 •더뻑 내기를 걸었어.

- **더뻑**: 앞뒤를 헤아리지 아니하고
  마구 행동하는 모양

"그럼, 비가 오나 안 오나 내기해 봅시다.
만약에 비가 오면, 제가 이 소를 스님께 드리겠습니다."
"허, 그렇게까지 할 필요가 있겠습니까?"
"아닙니다. 대신 스님이 지시면,
그 바랑에 든 쌀을 제게 다 주셔야 합니다."
"허 참! 정 그렇다면 그렇게 하지요."
"나중에 다른 말 하기 없습니다."

농부는 신이 나서 의기양양하게 다시 밭을 갈았지.
스님은 비를 피하려고 나무 그늘에 앉아 있었어.

그런데 갑자기 하늘에 먹장구름이 몰려오더니,
천둥소리와 함께 비가 쏴 쏟아졌어.

"우르르 쿵쾅! 쏴!"
"어떻습니까? 제 말이 틀리지 않았지요?"
"아니, 이럴 수가!"

농부는 아무리 생각해도 도깨비장난만 같았어.

"스님! 비가 곧 올 것이라고 어떻게 아셨습니까?"

"소승은 이 마을 저 마을을 다니니,
옷이 늘 땀에 절어 있지요.
땀에는 원래 소금기가 많지 않습니까?
공기 속에 습기가 많으면 곧 비가 내리게 되는데,
그때는 옷 속의 소금기도 젖어 축축해지지요."
"아이고, 그렇군요. 제가 내기에 졌으니,
이 소를 몰고 가십시오."

농부는 공연히 내기를 걸었다가,
하나밖에 없는 소를 스님에게 주어야 할 처지가 되었지.

"허허, 고맙기는 합니다만 그만두십시오.
이 소가 없으면 밭은 누가 갈겠습니까?"
"아이고, 고맙습니다."

"허허, 이제부터는 농부에게 천금같이 소중한 소를
함부로 내기에 걸지나 마십시오."

스님이 웃으며 떠나자,
비는 금방 그치고 하늘은 다시 맑게 개었어.

"허, 그 비가 참 °약비로군!"

그래서 여름에 갑자기 쏟아지다 그치는 비를
'소 내기'라고 하였고,
이것이 변해서 소나기가 되었대.

● **약비**: 꼭 필요할 때 내리는 비

변호사가 되어 함께 해결하기

도박에서 진 사람은 이긴 사람에게 도박에 건 물건을 반드시 주어야 할까요?

어떤 일이 벌어질지 모르는 결과에 대하여 돈이나 물건을 걸고 내기하는 것을 '**도박**'이라고 합니다. 이 이야기에서 잠시 후 비가 올 것인지, 오지 않을 것인지 소나 말을 걸고 내기하는 것이 도박이지요. 도박하면 중독에 쉽게 빠져 정신건강을 해치고 대인관계도 나빠집니다. 또 재산을 잃어 경제적으로 파탄하고, 가정도 파괴되며 건전하게 일하려는 마음도 없어져요. 그리고 불법으로 도박장을 여는 범죄 조직을 돕게 됩니다.

　이렇게 도박은 개인과 사회에 심각한 폐해를 끼치는 범죄 행위예요. 그래서 도박을 한 사람은 도박죄로 벌을 받고, 내기의 약속도 무효입니다. 따라서 도박에서 진 사람이 이긴 사람에게, 내기한 물건을 주지 않아도 그만입니다. 이 이야기에서 농부는 스님에게 소를 주지 않아도 되지요. 예부터 "도박 빚은 떼어먹어도 된다."라는 말이 있는데 이 말은 오늘날의 법에 따르더라도 옳은 말입니다. 그뿐만 아니라 도박에 쓰일 돈이라는 사실을 알면서 돈을 빌려준 사람도, 그 돈을 돌려받지 못해요.

도박에서 잃은 물건을 나중에 돌려달라고 요구할 수 있을까요?

우리 **민법**에 따르면, 도박에서 돈이나 물건을 이미 잃은 사람이 딴 사람에게, 다시 돌려달라고 요구할 수도 없어요. 결국 도박으로 인하여 오고 갈 돈이나 물건, 이미 오고 간 돈이나 물건은 돌려받지 못해요. 그러므로 내기에 진 농부가 스님에게 소를 주었다면, 나중에 그 소를 돌려달라고 할 수 없어요. 즉, 도박에 진 사람은 이긴 사람에게 도박에 건 물건을 주지 않아도 되지만, 이미 주었다면 돌려받을 수도 없는 거예요.

도박은 얼마나 위험할까요?

도박은 쉽게 중독을 일으키며, 술이나 마약처럼 벗어나기 매우 어려워요. 특히 청소년을 대상으로 한 인터넷 도박은 중독과 2차 범죄를 유발할 수 있어 절대로 접근해서는 안 됩니다. 도박장이나 도박 사이트를 운영해 이익을 얻는 사람들은 더 큰 비난을 받아요. 그래서 무거운 형벌을 받고, 그 이익은 모두 국가가 환수합니다.

10
돌 더미와 금덩이

어느 곳에, 몹시 가난한 *오롱이조롱이 집이 있었어.
식구는 **오롱조롱 많은 데 농사만 지어 놓으면
욕심 많은 밭 주인이 나타나 터무니없이 내놓으라고 했어.
그래서 농부는 가난을 벗어날 수 없었어.
하루는 농부의 막내아들이 밭일하고 있었어.
그때 서당 아이가 지나가며 글을 외웠지.

"모래알이 쌓여 언덕이 되고, 물방울이 모여 강물이 된다."

막내아들은 그 소리를 듣고,
개울가에서 깔고 앉아 쉬던 돌멩이를 들고 와서는
식구들에게 말했어.

- **오롱이조롱이**: 오롱조롱하게 각기 달리 생긴 여럿을 이르는 말
- **오롱조롱**: 몸피가 작은 물건 여럿이 모양과 굵기가 각각 다른 모양

"내일부터 누구든 밖에 나갔다 들어올 때는,
무엇이든 한 개씩 들고 오는 것이 어때요?
정 아무것도 없으면 돌멩이 하나라도 들고 들어오기로 해요.
그러면 무엇이든 모일 게 아니에요?"

식구들은 그 말에 희망을 걸었어. 그리고 밭에 나가 일하다
집에 올 때면 산 열매나 뿌리든 무엇이나 들고 들어왔어.
쓸 만한 것이 없을 때는 정말 돌멩이라도 하나 들고 왔지.
그러다 보니 마당에는 돌멩이가 쌓여 금방 돌 더미가 생겼어.
그것을 보고 막내아들이 말했어.

"이것 보세요! 돌멩이가 금방 산더미만 해졌잖아요.
우리가 힘을 합해 열심히 일하면,
곡식도 산더미처럼 쌓일 거예요."
"그래. 막내, 네 말이 맞아!"

식구들은 이젠 밤낮으로
일해서 피곤해도,
돌 더미만 보면 힘이 났어.

그런데 어느 날 아침,
옆집에 살고 있던 밭 주인이 돌 더미를 보고 깜짝 놀랐어.
'아니, 돌 더미 밑이 왜 저렇게 번쩍번쩍하지? 앗! 저것은
금덩이 아냐? 저 가난뱅이가 돌멩이인 줄 알고 쌓아 놓았군!'
막내아들이 처음 들고 온 넓적한 돌멩이가 사실은 금덩이였던
거야. 욕심이 난 밭 주인은 부랴부랴 농부의 집으로 달려갔어.

"아니, 여보게! 쓸모없는 돌멩이는 뭐 하러 이렇게 쌓아 두었나?"
"너무 가진 것이 없어서 이것이라도 모아 보려고요."
"저런! 자네 가족이 그토록 고생하는 것을 보니 딱하기
그지없네. 그래서 말인데, 내 마침 쓸 일이 있으니
이 돌 더미를 쌀 백 섬과 바꾸는 것이 어떤가?"

돌 더미와 금덩이

막내아들은 욕심 많은 밭 주인의 말에 어리둥절했어.
그렇지만 밭 주인이 막무가내로 우기니 거절할 수 없었지.
'히히, 저 금덩이가 쌀 만 섬값은 되겠구나.'
밭 주인은 신이 나서 얼른 쌀 백 섬을 내주며 말했어.

"잠깐! 제일 밑의 쌀가마니는 제일 처음 거둔 •맏물이라
고사 지낼 것이니 내려놓아라."

옛날에는 제일 처음 거둔 것을 따로 모셔 두었다가
조상님께 제사 지낼 때 썼어. 이것을 맏물이라고 했지.
그래서 농부와 세 아들은 제일 밑의 쌀가마니 하나를
내려놓고, 쌀을 모두 실어 왔어.

"이제 저 돌 더미를 싣고 가자!"

밭 주인은 일꾼들을 시켜 말이 끄는 수레에
돌 더미를 싣도록 했어.
모두 싣고 마지막으로 제일 밑의 금덩이를 싣고 떠나려는데,
막내아들이 말했어.

● **맏물**: 맨 처음 나는 해산물이나 푸성귀, 곡식이나 과일

"잠깐만요. 제일 밑의 돌멩이는 제일 처음 주워 온 맏물이라 고사 지낼 것이니 내려놓겠습니다."

그러고는 제일 밑에 있던 금덩어리를 집어 내리는 것이었어.

"뭐라고?"

밭 주인은 깜짝 놀라 소리쳤어.

"영감님께서도 제일 처음 거둔 쌀가마니를 고사 지낼 맏물이라고 내려놓으셨지요?
그러니 저희도 제일 처음 쌓은 돌멩이를 고사상에 올려야지요."

그래서 밭 주인은 어쩔 수 없이 쓸모없는 돌 더미만 싣고 돌아와야 했지. 가난했던 농부네는 돌 더미도 치우고 쌀 백 섬에 금덩어리까지 갖게 되었어.
그래서 막내아들의 말대로
정말 마당에 곡식을 산더미처럼
쌓아 놓고 잘살았대.

변호사가 되어 함께 해결하기

밭 주인이 돌 더미와 쌀 100섬을 바꾸기로 약속하고 나서, '맏물'이라는 이유로 제일 밑의 쌀가마니는 농부에게 주지 않아도 되는 걸까요?

밭 주인과 농부가 쌀 100섬과 돌 더미를 바꾸기로 한 약속은 **교환 계약**입니다. 위와 같은 **교환 계약**이 이루어지면 원칙적으로 쌀 100섬과 돌 더미 전부를 서로 맞바꾸어야지, 고사 지낼 것이라며 쌀 한 가마니, 돌 한 개를 남겨두겠다고 주장할 수는 없어요. 일부 물건을 빼고 바꾸기로 약속했다면 계약서에 적고 서로 확인했다는 증거를 남겨야 해요.

농부는 쌀 10,000섬 값어치의 금덩이를 보통 돌덩이로 알고,
그 금덩이가 들어 있는 돌 더미와 쌀 100섬을 바꾸었어요.
그런데 나중에 돌 더미에 금덩이가 들어 있었다는 사실을 알았다면,
그 금덩이를 찾아올 수 있을까요?

계약한 사람 중 어느 한 편이 계약 내용 중 중요한 부분을 착각하여 계약했다면 착각을 안 때로부터 3년 안에 그 **계약행위**를 한 때로부터 10년 안에 그 계약을 취소할 수 있어요.
    이 이야기에서 농부는 금덩이를 돌로 착각하였고, 밭 주인은 금덩이를 알아보았어요. 이런 경우에 농부는 교환하기로 한 계약을 취소할 수 있어요. 그리고 받아두었던 쌀 100섬을 돌려주고 돌 더미와 함께 금덩이를 돌려받을 수 있습니다.

'맞바꾸기' 약속은 반드시 지켜야 할까요?

우리는 '**맞바꾸기**' 약속을 자주 합니다. 화폐가 발전하기 전에는 대부분 거래가 '**물물교환**'이라는 맞바꾸기 형태였답니다. 그래서 지금도 우리 민법에서 중요한 계약의 한 유형으로 규정하고 있어요. **교환 계약**도 다른 계약과 마찬가지로 약속한 그대로 지켜야 합니다.

11
가짜 금덩이와 바꾼 삼천 냥

어느 곳에 재물이 많은 부자가 살았어.
부자는 원래 가난한 집에서 태어났으나 밤낮으로
쉬지 않고 일했어.
돌멩이 산을 밭으로 일구고,
가시 들판을 논으로 가꾸는 등 •몸닦달하며 일했지.
그래서 몸은 오그랑쪼그랑 ••옹망추니가 되었지만,
제법 많은 논밭과 돈을 모으게 되었어.
그런데 어느 날, 낯선 장사꾼이 이 부자를 찾아왔어.

"무슨 일로 찾아오셨소?"
"다름이 아니라, 돈 삼천 냥만 급히 빌려주십시오."
"뭐요? 허허허."

- **몸닦달**: 어려운 것을 참으면서 받는, 몸의 훈련
- **옹망추니**: 조그마한 물건이 꼬부라지고 오그라진 모양

옹망추니 부자는 생전 처음 보는 사람이
느닷없이 큰돈을 빌려 달라고 하자 어이없었지.

"어르신께서 웃으시는 것도 당연합니다.
모르는 사람에게 누가 그렇게 큰돈을 덜컥 빌려주겠습니까?"

그러더니 장사꾼은 여러 겹으로 꽁꽁 싼 보자기를 풀고
또 풀었어. 그리고 어른 주먹보다 몇 배나 큰 금덩이를 꺼냈어.

"이것은 조상 대대로 내려오는 집안의 보물입니다.
제가 남의 돈을 맡았다 잃어 물어 주어야 할 처지가 되었지요.
그렇다고 집안의 보물을 팔 수 없어서 이렇게 찾아왔습니다.
이 보물을 맡으시고 삼천 냥만 빌려주십시오.
그러면 약속한 날에 반드시
본전과 이자를 드리겠습니다."

듣고 보니 사정이 딱했어.
게다가 그만한 금덩이라면 몇만 냥 값어치는
되어 보였어. 그래서 부자는 마음 놓고
돈을 꾸어 주었어.

며칠 후, 금광을 하는 조카가 지나는 길에 부자의 집에 들렀어.
부자는 조카에게 금덩이를 보여주었지.

"아이고, 삼촌! 이 금덩이는 가짜입니다."
"뭣이? 가짜라고?"
"보세요. 이것은 납덩이에 금을 입힌 거예요."
"세상에, 이럴 수가!"

옹망추니 부자는 오랫동안 뼈 빠지게 일해 모은 돈을
순식간에 떼이게 되었어.
정말 기가 막힐 노릇이었지.

한참 동안 •에구데구 울던 부자는, 문득 정신을 가다듬으며 조카에게 말했어.

"얘야! 이 금덩이가 가짜라는 것을 누구에게도 말해서는 안 된다."

"예에?"

"나한테 생각이 있어서 그러니, 절대로 소문내지 말아라. 알겠느냐?"

"예, 염려 마십시오."

다음 날, 옹망추니 부자는 마침 한 노인의 환갑잔치가 벌어진 곳에 찾아갔어. 마을 사람들이 모두 모여 음식을 먹고 있었지. 그런데 갑자기 부자가 가슴을 치며 큰 소리로 울기 시작했어.

"아이고, 나는 망했네. 이제 나는 망했어!"

- 에구데구: 소리를 마구 지르며 우는 소리

내 실수로 내 집안이 망하게 되었으니,
이제 어쩌면 좋단 말인가?"

사람들은 이상하여 그 까닭을 물었지.

"글쎄, 내 딱한 사정 좀 들어보시오.
얼마 전에 낯선 사람이 찾아와
금덩이를 맡기고 돈 삼천 냥을 빌려 갔지요.
그런데 어떻게 알았는지,
지난밤 우리 집에 도둑이 들어 그걸 훔쳐 가고 말았소.
그러니 당장 금덩어리 임자가 찾아와 돈을 내놓으며,
금덩이를 돌려달라고 하면 어떡하오?
금값을 치르자면 내 재산을 다 팔아도 모자랄 텐데,
이 일을 어쩌면 좋단 말이오?"

부자의 말을 들은 사람들은 안 됐다면서 혀를 찼고,
이 놀라운 소문은 금방 여러 마을로 퍼졌어.
그리고 마침내 돈을 빌려 간 장사꾼 귀에도 들어갔지.

"잘됐군. 그 부자한테 돈을 갚으면 도둑맞은 금덩이 대신
전 재산을 내놓아야겠지!"

장사꾼은 서둘러 돈을 갖고 부자를 찾아와 거만하게 말했어.

"빌려주셨던 돈은 잘 썼습니다.
여기 약속대로 원금 삼천 냥과 이자를 가져왔으니,
금덩이를 돌려주시지요."

부자는 차근차근 돈을 세어 확인하고 넣어 두었어.

"설마 저희 조상대대로 지켜온 보물을
잃어버리신 것은 아니겠지요?
이제 어서 제가 맡긴 금덩이를 돌려주시지요."

장사꾼은 턱을 치켜들고
한 손을 팔락팔락 흔들며 자꾸 재촉했어.

"아암, 그래야지요.
원금과 이자까지 받았으니, 돌려드리는 것이 당연하지요."

부자는 큰 궤 속에서 금덩이를 꺼내 장사꾼 앞에 내놓았어.

"자, 받으시오. 틀림없이 당신이 맡긴 금덩이요."
"앗!"

장사꾼은 깜짝 놀라서 가짜 금덩이를 싸 들고,
와당탕퉁탕 정신없이 도망쳐 버렸대.

변호사가 되어 함께 해결하기

부자는 금덩이가 가짜인 줄 모르고 돈 3,000냥을 장사꾼에게 빌려주었어요. 부자는 돈을 빌려주기로 한 약속을 깨고, 당장 돈을 돌려받을 수 있을까요?

장사꾼이 가짜 금덩이를 담보로 맡기고, 부자로부터 돈 3,000냥을 빌린 것은 사기입니다. 따라서 부자는 돈을 빌려준 계약을 취소하고 빌려준 돈을 당장 돌려받을 수 있어요. 또 장사꾼을 **사기죄**로 고소하여 벌을 받게 할 수도 있어요. 만약 장사꾼이 부자에게 돈을 돌려주지 않으면 더 무거운 처벌을 받게 됩니다.

부자는 가짜 금덩이를 진짜로 알고 큰돈을 빌려주었다가 손해를 볼 뻔했지요. 부자는 돈을 빌려주기 전에 무엇을 알아보아야 했을까요?

부자는 3,000냥이나 되는 큰돈을 빌려주기 전에, 그 금덩이가 진짜인지 가짜인지 미리 알아보아야 해요. 그리고 가짜일 경우에는 어떤 달콤한 말을 해도 빌려주면 안 돼요. **사기 범죄**는 수법과 피해 정도에 따라 다양하게 처벌받아요. 미리 계획하거나 여러 번 반복할수록 더 엄중한 처벌을 받게 됩니다.

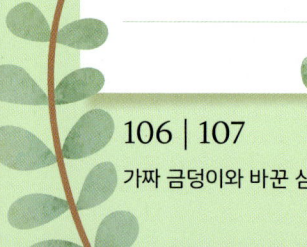

부자와 다른 방법으로 장사꾼을 찾을 수 있을까요?

장사꾼은 납덩이에 금을 입힌 가짜 금덩이로 **사기**를 쳤어요. 그러므로 장사꾼은 금을 입힐 수 있는 대장장이에게 부탁하여 가짜 금덩이를 만들었을 거예요. 그러니 납이나 금을 다루는 대장장이들을 상대로, 누가 그 가짜 금덩이를 맡겼는지 알아보는 것도 장사꾼을 찾는 좋은 방법이에요.

가짜 금덩이에 금을 입힌 대장장이는 잘못이 없을까요?

대장장이가 장사꾼이 납덩이에 금을 입혀 사기 치려고 한다는 사실을 몰랐을 때는 처벌받지 않아요. 그러나 그 사실을 알면서 금을 입혀주었다면 대장장이도 **사기죄**의 공범으로 벌을 받게 됩니다.

12
천둥 나리와 벼락 목수

어느 마을에 욕심 많기가 천둥 같다고, 천둥 나리라고 불리는
구두쇠가 살았어. 공짜라면 양잿물이라도 마시고,
지독한 감기에 걸려도 남 주라면 아까워서 못 줄 정도였지.
어느 날, 천둥 나리는 나막신 한 켤레가 필요했어.

"여보게! 제일 좋은 나막신 한 켤레 만들어 주게나!"
"예! 알겠습니다."

목수는 성격이 야무져 아무리 어려운 일이라도
벼락처럼 해내고 말아 °벼락 대신이라고 불렸지.
벼락 목수는 결이 곱고 단단한 나무를 골라
정성껏 나막신을 만들었어.

● **벼락 대신**: 성격이 야무지고 독하여 아무리 어려운 일이라도 배겨 내는 사람

졸릴 때는 *말뚝잠을 자며 만들어
약속한 날에 어김없이 천둥 나리에게 가져갔어.
'흠! 소문대로 솜씨가 나무랄 데가 없군!
이만한 신이라면 쌀 두 말값은 될 텐데 다 주기는 아깝고, 어쩌지?'
천둥 나리는 아무리 봐도 나막신에 트집 잡을 데가 없자,
못된 꾀를 내었어.

"여보게, 이 나막신 한 켤레에 얼마인가?"
"제가 어떻게 감히 값을 정하겠습니까?
나리께서 알아서 주시지요."
"흠! 그렇다면 예부터 나무 그릇은
그 크기에 따라 값을 매겼다고 하네.
그러니 이 나막신에 들어갈 만큼 쌀을 주겠네."

그러더니 천둥 나리는 몇 줌 안 되는 쌀을 내놓는 것이었어.
벼락 목수는 너무나 기가 막혔지.
하지만 지독한 구두쇠 영감에게 따져 봤자,
양반에게 대든다고 천둥 같은 호령이나 듣고
억울한 일만 당할 것이 뻔했어.

● **말뚝잠**: 꼿꼿이 앉은 채로 자는 잠

"나리께서 가르쳐 주시지 않았다면 평생 모르고 살 뻔했습니다.
부디 마음 깊이 새기도록 그 말씀 좀 적어 주십시오."

잠시 후, 벼락 목수는 천둥 나리가 써 준 글귀를 받아 들고
꾸벅 절하고 돌아갔어. 그런데 한 달이 지나자,
이번에는 천둥 나리 집 외양간의 구유가 못 쓰게 되었어.
천둥 나리는 또 벼락 목수를 불렀지.

"여보게! 우리 집에 제일 좋은 구유 하나 만들어 주게나!"

지난번의 일 때문에 벼르고 있던 벼락 목수가 되물었어.

"예, 얼마나 큰 것이 필요하신지요?"
"그야 클수록 좋지!"
"예, 알겠습니다."

벼락 목수는 굵기가 •두 아름이나 되는 커다란 나무를 잘랐어.
그리고 넓고도 커다란 구유를 만들어 천둥 나리에게 가져갔어.
'흠! 과연 벼락 대신이라는 소문대로 참 잘 만들었군!
이만한 구유라면 쌀 몇 말은 줘야 할 텐데,
다 주기는 아깝고……, 트집을 잡아 값을 깎아야지.'
천둥 나리는 마음에 안 든다는 듯이 고개를 설레설레
흔들었어.

"에이, 구유가 크기는 한데 좀 짧은 듯하군.
하지만 이왕 만들어 온 것이니 하는 수 없지.
그래, 이 구윳값은 얼마인가?"
"제가 어떻게 감히 값을 정하겠습니까?
그저 예부터 나무 그릇은 크기에 따라 값을 정한다고 하였으니
구유에 들어갈 만큼 쌀을 받아 가겠습니다."

● **두 아름**: 두 팔을 벌려 껴안은 둘레의 길이

뭐라고?
아니, 세상에 그런 법이 어디 있나?"
"나리께서 가르쳐 주시지 않았으면,
저 같은 무지렁이가 어찌 알았겠습니까?"

벼락 목수는 지난번에 천둥 나리가 써 준 글귀를 내밀었어.
천둥 나리는 벼락 맞은 듯 꼼짝하지 않았지.
그러더니 이윽고 마지못해 소 구유에 쌀을 채워 주었지.
그래서 벼락 목수는 구윳값뿐만 아니라 나막신값까지
넉넉히 받아 내게 되었대.

● **무지렁이**: 어리석고도 무식한 사람

변호사가 되어 함께 해결하기

나막신값과 소 구윳값은 어떻게 정하는 것이 좋을까요?

어느 한 사람이 어떤 일을 완성할 것을 약속하고, 상대방이 그 일의 결과에 따르는 대가를 주기로 약속한 계약을 '도급'이라고 합니다. 구두쇠 영감이 목수에게 나막신과 구유를 만들어 달라고 부탁하면서, 그 대가를 주기로 약속한 것이 바로 도급 계약이지요. 그런데 이야기 속에서는 대가를 지급하겠다고 미리 약속하지는 않았어요. 그러니 나막신이나 구유를 받고 돈을 지급하지 않아도 될까요? 이 이야기를 잘 살펴보면 나막신값과 구윳값을 주겠다고 약속했다고 말할 수 있는 근거가 있는데 함께 찾아볼까요?

우선 나막신을 만든 사람은 목수인데 목수는 물건을 만들어 주고 그 대가로 받은 돈으로 생계를 이어가는 사람입니다. 그러니 목수는 당연히 대가를 받기 위해 나막신을 만들어 온 거예요. 그리고 구두쇠 영감이 그 나막신을 받고는 "이 나막신은 한 켤레에 얼마인가?"라고 물어보았지요.

이 두 가지 사실을 보면 구두쇠 영감이 목수에게 얼마를 지급할지 미리 정하지 않았을 뿐 나막신값과 구윳값을 지급하기로 약속한 것으로 보아야 합니다.

대가를 주되, 얼마를 줄 것인지 미리 정하지 않았다면,
나막신과 구윳값으로 얼마를 주어야 할까요?

이럴 때는 나막신과 구유가 보통 시장에서 거래되는 값만큼 주기로 약속한 것으로 봐야 해요. 따라서 나막신을 만들어 준 대가로 나막신에 들어갈 만큼의 쌀을 주겠다는 구두쇠 영감의 주장은 전혀 이치에 맞지 않아요.

천둥 나리는 나막신값을 정할 때, 목수가 만든 물건에 들어가는 양만큼 쌀을 주면 된다고 말했어요. 그렇다면 천둥 나리는 구윳값으로 목수가 만든 구유에 들어가는 양만큼 쌀을 주어야 할까요?

천둥 나리의 억지 방식대로 한다면, 천둥 나리는 벼락 목수에게 구유에 들어가는 양만큼 쌀을 주어야 해요. 그러나 법대로 한다면, 구유가 시장에서 팔리는 가격만큼 돈을 주면 됩니다. 그 대신 천둥 나리도 터무니없는 값을 준 나막신값을 제대로 쳐주어야 합니다.

13
나무 그늘을 팔아먹은 용심쟁이

한 *용심쟁이 부자 대감이 있었어.
부자 대감은 욕심이 많고 심술이 사나워,
툭하면 남을 괴롭히고는 했어.
그 부자 대감의 집 앞 논두렁에는
몇백 년 된 느티나무 한 그루가 있었어.
여름이면 부자 대감은 그 서늘한 나무 그늘에
평상을 두고 낮잠을 즐겼어.
어느 무더운 여름날, 논을 매던 총각이 땀을 식히려고
잠깐 느티나무 그늘에 앉았지.

"네 이놈! 왜 남의 나무 그늘에 함부로 들어왔느냐?
썩 나가지 못해?"

- 용심쟁이: 심술로 남을 해치려는 마음을 많이 부리는 사람

그늘에서 낮잠을 자다 깬, 부자 대감은 버럭 소리를 질렀어.

"논을 매다 너무 더워 잠시 땀이나 좀 식힐까 해서 들어왔습니다."
"뭐라고? 아니, 이 나무가 누구 나무인데 함부로 들어와?"
"이 나무는 대감마님 나무가 아니라,
온 동네 사람들의 것이 아닌지요?"
"어허! 이 나무는 우리 조부님이 심으셨다는 것을 몰랐다는
말이냐? 그리고 이 앞의 논이 누구의 논인가?
내 논두렁에 있는 나무가 내 나무가 아니고,
누구의 나무란 말이냐? 잔말 말고 썩 비키렷다."

총각은 아무리 자기 집 느티나무라지만,
나무 그늘까지 혼자 차지하려는 부자 대감이 지나치다는
생각이 들었지. 그래서 꾀를 내어 말했어.

"대감마님! 제가 잘 모르고 실례했습니다.
저같이 일하는 농부는 여름이면 나무 그늘은
고사하고 •솔개그늘이라도 없으면 견디지 못합니다.
그러니 이 나무 그늘을 제게 팔지 않으시겠습니까?"

● **솔개그늘**: 솔개만 하게, 아주 작게 지는 그늘

그 말에 부자 대감은 솔깃해져서 값을 아주 높이 불렀어.

"이 나무는 크기가 다른 나무의 다섯 배는 더 크니
값도 보통나무의 다섯 배는 더 내야지.
험, 이 그늘을 사려면 다섯 냥만 내게!"

총각은 몇 년 동안 모은 다섯 냥으로 그늘을 샀고,
일하다 지치면 나무 그늘에서 쉬었어.
그런데 해가 기울자, 나무 그늘은 점점 자리를 옮겨가더니,
나중에는 부잣집 담장을 넘어 마당으로 뻗쳤어.

"어, 시원하다!"

그럴 때마다 총각은 나무 그늘을 따라 자리를 옮겨가며 쉬었어.
마침내 나무 그늘이 부잣집 안방까지 옮겨가자,
총각은 안방에 드러누워 버렸어.
부자 대감은 화가 나서 얼굴이 붉으락푸르락했지.

"이놈! 남의 집 안방까지 들어오다니, 이게 무슨 짓이냐!
썩 나가지 못해?"
"대감마님도! 그게 무슨 말씀이신가요?
며칠 전에 대감마님께서 제게 나무 그늘을 파셨지요?"
"그래서?"
"그런데 왜 저보고 나가라고 하십니까?"
"아, 나무 그늘을 팔았지,
누가 내 집에 들어와도 좋다고 했느냐?"
"대감마님, 제가 나무 그늘을 샀으니 그늘은 제 것이
분명합니다. 그늘이 어디에 생기든 그늘을 따라 눕는 것이
무슨 잘못이 있습니까?"

총각의 말에 부자 대감은 할 말이 없었지.
그런데 총각은 틈만 나면 부잣집 안방에 와서 드러누웠고,

부자 대감은 울화통이 터질 지경이었어.
그러던 어느 날, 부잣집 사랑채에 많은 손님이 모여
이야기하고 있었어. 그때 마침 그늘이 사랑채로 들어왔어.
그러자 총각이 친구들을 데리고 와, 흙 묻은 발을
음식상 옆에서 털고 더러운 옷을 입은 채 벌렁 드러누웠지.
손님들은 기가 막혀 총각을 나무랐어.

"아니, 도대체 이게 무슨 예의 없는 짓인가?"

총각은 나무 그늘을 살 수밖에 없었던 사정을 말했어.
그러자 손님들은 벌떡 일어나며 부자 대감을 나무랐어.

"예끼, 이 사람! 사람이 어떻게 그럴 수 있나?
이웃에게 인심을 베풀지는 못할망정 나무 그늘까지
팔아먹다니!"
"여보게, 어서 가세!
이 사람과 함께 있다가는 우리까지
못되게 물들겠네."

그 후로 부자 대감은 나무 그늘만 봐도
부끄러워 도망치게 되었지.
그때부터 느티나무 그늘에는
누구든 와서 쉴 수 있게 되었대.

변호사가 되어 함께 해결하기

나무는 누구의 소유일까요?

총각은 느티나무를 동네 사람들의 것이라고 하고, 부자 대감은 자기 것이라고 합니다. 누구의 것일까요? 나무가 어떤 사람의 땅 위에 있다면 그 나무는 땅 주인의 소유입니다. 다른 사람이 땅 주인한테서 땅을 빌려 그 나무를 심은 경우에만 예외적으로 나무를 심은 사람의 소유가 됩니다. 그래서 이야기 속의 나무는 부자 대감의 것이 맞습니다.

나무 그늘을 사고팔 수 있을까요?

사고팔 수 있는 대상은 집, 땅처럼 어떤 물건이나 특허권 같은 권리뿐입니다. 나무 그늘은 나무 때문에 햇빛이 들지 않는 나무의 그림자이고, 형태가 없어서 물건에 해당하지 않아요. 더구나 권리도 아닙니다. 그래서 나무 그늘은 사고팔 수는 없어요.

그러나 나무 그늘이 생기는 땅에서 쉬거나 낮잠을 자는 등 이용할 수 있는 토지의 범위를 정해서 그 토지를 사용할 권리를 얻을 수는 있어요. 그늘을 사고팔 수는 없지만 그늘이 생기는 땅을 이용할 권리는 사고팔 수 있답니다.

총각이 나무 그늘을 샀다면, 나무 그늘을 따라 남의 집에 들어갈 수 있을까요?

이 이야기에서 느티나무의 주인은 부자 대감입니다. 그런데 부자 대감은 그 나무의 그늘이 어디에 있든 상관없이, 그 그늘이 자기 것이라고 주장하며 총각에게 팔았어요. 그러니 그늘을 산 총각도 똑같이 그 그늘이 어디에 있든 자기 것이라 주장한 것이에요. 그래서 나무 그늘의 위치에 따라 총각이 부자 대감의 안방 또는 사랑방에 드러누워도, 부자 대감은 총각을 나무랄 수 없겠군요.

　그렇지만 앞에서 말한 대로 나무 그늘만 사고팔 수 없어요. 미리 정해둔 범위의 나무 그늘을 사용할 수 있는 권리를 얻었다면 그 범위 안에서만 이용할 수 있어요. 그러니까 나무 그늘을 따라 마음대로 남의 집에 들어가서는 안 돼요. 주인의 허락 없이 남의 집에 함부로 들어가면 '**주거침입죄**'가 됩니다.

14
세 친구와 당나귀 한 필

옛날에 *꾀자기와 **덤벙이와 ***눈치꾼이라는
세 친구가 있었어. 그들은 함께 여행을 떠나기로 했지.

"당나귀라도 있으면 편히 길을 갈 수 있을 거야."

세 친구는 똑같이 돈을 내서 당나귀 한 필을 샀어.
그런데 꾀가 많은 꾀자기가 먼저 말했어.

"나는 아주 잘난 머리도 아니고 아주 겸손한 꼬리도 아니고
허리처럼 중간쯤 되는 사람이지.
그러니까 나는 당나귀 허리를 살래."

- **꾀자기**: 잔꾀가 많은 사람
- **덤벙이**: 침착하지 못하고 들떠서 자꾸 서두르거나 함부로 덤비는 사람
- **눈치꾼**: 남의 눈치만 슬슬 보아 가며 행동하는 사람.

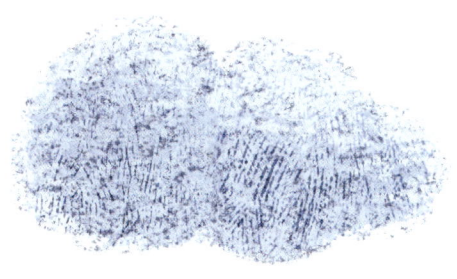

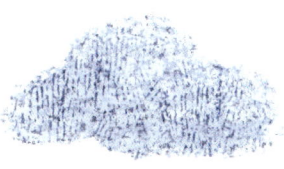

그러자 덤벙이가 성급하게 말했어.

"나는 달리기도 전에 숨부터 차고, 나무를 심기도 전에
나무 열매를 따려고 할 정도로 앞서가는 사람이지.
그러니까 나는 당나귀 머리를 살래."

눈치꾼은 눈치를 보며 말했어.

"나는 남이 웃으면 덩달아 웃고, 결정 내릴 때는
거북이보다 더 느린 사람이지.
그러니까 나는 당나귀 꼬리를 사지, 뭐."

세 사람은 마침내 길을 떠났어. 그런데 꾀자기가 말했어.

"당나귀 허리를 산 사람이 당나귀를 타는 게 당연하지."
"당나귀 머리를 산 사람이 당나귀를 끌고 가는 게 당연하지."
"당나귀 꼬리를 산 사람이 당나귀 똥을 치우며 가는 게 당연하지."

꾀자기는 당나귀를 타고 편히 갔어.

"어휴, 나는 당나귀 한 번 못 타보고,
힘들게 끌고 다니기만 하잖아!"

당나귀 머리를 산 덤벙이는 당나귀 먹이를 사서 먹이고,
고삐를 끌어야만 했어.

"어이구, 나는 당나귀 한 번 못 타보고,
냄새 나는 똥만 치우잖아."

당나귀 꼬리를 산 눈치꾼은
당나귀 꽁무니만 따라다니며, 똥을 치워야만 했어.

"아무래도 안 되겠어."

참다못한 덤벙이가 꾀자기에게 말했지.

"지금부터는 제일 높이
그리고 제일 멀리 가 본 사람이 말을 타기로 하세."
"좋아. 그렇게 하지."

꾀자기는 순순히 약속했어.
덤벙이가 얼른 높은 하늘을 가리키며 말을 했어.

"나는 일찍이 하늘 위를 가 보았어."
"나는 자네가 올라간 하늘 위의 끝까지 가 보았지."

눈치꾼이 얼른 더 먼 곳을 가리켰어. 그러자 꾀자기가 물었어.

"아! 그때 자네 손에 뭔가 만져지지 않았나?
울퉁불퉁하고 기다란 것 말이야."
"응, 그래!"

눈치꾼이 마치 진짜 하늘 멀리
가 본 듯 머리를 끄덕였어.

"그 울퉁불퉁하고 긴 것이 바로 내 다리였어.
자네가 내 다리를 만졌으니,
분명히 내 아래 있었던 게 분명해. 어때?
내가 제일 높이, 그리고 제일 멀리 가 봤지?"

두 사람은 할 수 없이 다시 당나귀 머리를 끌고,
당나귀 똥을 치우며 갔대.

변호사가 되어 함께 해결하기

세 사람이 돈을 똑같이 내서 당나귀 한 필을 샀어요. 당나귀 허리를 산 꾀자기 혼자 타는 게 옳을까요?

과거에는 법률이 어떤 계층, 계급의 사람들에게만 유리하고 다른 계층, 계급에는 매우 불리하게 만들어진 경우가 있었어요. 하지만 오늘날 **민주주의 법률**은, 보통 사람들의 생각이나 판단과 크게 어긋나지 않아요. 다시 말하면, 여러분의 생각에도 꾀자기의 행동이 너무 얄밉고, 다른 두 친구가 억울한 대접을 받는 것 같지요? 그렇다면 꾀자기가 당나귀의 허리를 샀기 때문에 혼자만 탈 권리가 있다는 주장은 **법 규정**과 맞지 않을 것이 뻔해요.

세 사람이 돈을 똑같이 내서 산 당나귀는 누구의 것일까요?

먼저 3명이 똑같이 돈을 내어 당나귀 한 필을 샀다면, 세 친구는 **공유자**가 되어 당나귀의 3분의 1씩 갖게 됩니다. 다음으로 여러 사람이 한 개의 물건을 함께 가졌을 때는, 그 물건을 이용할 때나 관리할 때 모두에게 이익이 똑같이 돌아가게 해야 해요. 또 꾀자기처럼 혼자 독차지하여 사용할 수 없고 **공유자**인 두 친구의 허락 없이 당나귀를 팔거나 바꿀 수도 없어요.

세 사람이 당나귀를 타려고 서로 다툰다면 누가, 어떤 방법으로 타는 것이 옳을까요?

당나귀를 타려고 다툴 때는 세 친구는 각자 3분의 1씩 번갈아 당나귀를 탈 수 있어요. 당나귀를 팔았을 때도 똑같은 몫으로 돈을 나누어 갖게 됩니다. **공유자**는 자신이 이용할 권리가 있고, 동시에 다른 **공유자**의 권리를 존중해야 해요.

당나귀 먹이를 구하고 당나귀 똥을 치우는 일은 누가 책임져야 할까요?

공유자는 관리하는 비용과 의무를 똑같이 책임져요. 세 친구는 똑같은 비율로 당나귀 먹이값을 내고, 당나귀 먹이를 주고 똥을 치워야 해요. 그러니까 꾀자기처럼 함께 산 당나귀를 혼자 많이 사용하려고 욕심부리면 안 됩니다. 당나귀를 탈 권리와 관리할 의무가 같아야 공정하겠지요.

15 담 넘어온 감

돌담을 사이에 두고 기와집과 초가집이 있었어.
초가집 앞마당에는 감나무 한 그루가 있었지.
그런데 그 감나무 가지가 담장을 넘어 기와집 마당으로 뻗었어.
가을이 되어 감이 먹음직스럽게 주렁주렁 열렸어.
그러자 기와집으로 넘어간 가지에 달린 감을
그 집 하인들이 따기 시작했어.
초가집에 사는 어린 도령이 그것을 보고, 할아버지께 알렸지.

"할아버지! 저 집에서 허락도 없이 우리 감을 마구 따고 있어요."
"예부터 감 인심이라는 말이 있지 않으냐?
몇 개 따서 맛이나 보게 그냥 두거라."

그러나 기와집 하인들은 감이 익기가 무섭게
하나도 남김없이 모조리 따 갔어.

"할아버지! 남의 집 양식이나 다름없는 감을
저렇게 서슴없이 따 가다니, 너무한 것 아닌가요?"
"하지만 저 집은 벼슬 높은 대감 댁인데 어쩌겠느냐?
공연히 동네가 시끄러울 수 있으니, 그냥 둘 수밖에……."
"아니에요. 벼슬 높은 대감 댁이라고 우리 것을 함부로 가져가도
된다는 말인가요? 제가 가서 감을 다시 찾아오겠어요."

어린 도령은 대감 댁을 찾아가 하인을 불렀어.

"무슨 일입니까?"
"우리 집 감나무가 이 댁 마당으로 가지를 뻗었기에,
감을 따러 왔네."
"우리 집 마당으로 넘어왔으니 당연히 우리 것이지,
어째서 도련님댁 것입니까? 당장 돌아가십시오."

하인은 윗사람의 힘을 믿고 *떠세를 부리며 거만하게 말하더니,
보란 듯이 다시 감을 따기 시작했어.
그러자 어린 도령은 휘적휘적 대감의 방문 앞으로 갔어.
그러더니 갑자기 주먹을 방문 안으로 냅다 들이밀었어.

● **떠세**: 돈이나 세력을 믿고 젠체하고 억지를 쓰는 짓

담 넘어온 감

"퍽!"
"아니, 어떤 놈이냐?"

창호지 문을 뚫고 난데없이 주먹이 들어오자,
대감은 크게 화를 내며 호통쳤어.
그러나 어린 도령은 조금도 겁먹은 기색 없이 당당하게 물었지.

"대감님, 이 주먹이 제 주먹입니까, 대감님 주먹입니까?"
"아니, 그거야 당연히 네 것이 아니냐?"
"그렇다면, 대감님 댁으로 넘어간 저희 감은 왜 따먹습니까?"

그러자 대감은 바로 하인을 불러, 어떻게 된 일인지 물었어.

"너희들이 이웃집 감을 딴 것이 사실이냐?"
"예! 감나무 가지가 이쪽으로 넘어왔기에……."
"네 이놈들! 허락도 받지 않고 남의 것에 손을 대다니.
당장 사과드리지 못할까!"
"잘못했습니다. 도련님, 용서해 주십시오!"

그제야 하인들은 손이야 발이야 빌었어.
대감은 어린 도령에게 감값을 물어 주고 지난 일을 사과했어.

"내가 아랫사람을 잘못 다스려 자네 댁에
근심과 손해를 끼쳤으니 얼마나 마음이 상했는가?
내가 대신 감값을 물어주고 깊이 사과하겠네.
정말 미안하네. 다시는 이런 일이 없을 것이네."

이 대감은 바로 ˙도원수를 지낸 권율 대감이었고,
어린 도령은 나중에 정승이 된 이항복이었대.

● **도원수**: 고려 시대부터 전쟁이 있을 때
　　군사 일을 통틀어 맡아 하던 장수

변호사가 되어 함께 해결하기

**감나무의 가지가 담장을 넘어 남의 집으로 뻗었어요.
그 가지에 달린 감은 누구의 것일까요?**

우리 민법에 따르면 감나무를 원물, 감나무에서 얻어진 감을 '**천연과실**'이라고 해요. 그리고 천연과실은 원물의 소유자가 갖지요. 감나무에 달린 감은 감나무 주인의 것입니다. 그러니까 감의 주인은 가지가 넘어온 집에 사는 대감이 아니라, 감나무 주인인 도령 댁이라고 보는 것이 맞지요.

**도령 댁 감나무 가지가 대감 댁으로 뻗어나가 생활에 불편을 주었어요.
어떻게 해결할 수 있을까요?**

대감은 도령 댁에 감나무 가지를 잘라 달라고 요구할 수 있어요. 그런데 도령 댁에서 자르지 않을 때는 어떻게 할까요? 우선 대감 댁에서 그 감나무 가지를 자를 수 있어요. 그뿐 아니라, 가지를 자르는 데 들어간 돈을 달라고 도령 댁에 요구할 수도 있어요.

하인이나 아랫사람이 저지른 잘못을 주인이 책임져야 할까요?

오늘날에는 주인과 하인의 관계는 있을 수 없지요. 우리 **민법**에 따르면 직원이 몰래 이웃집 감을 따 먹는 잘못을 저질렀을 때 직원을 고용한 사람이 감값을 물어 줄 필요는 없어요.

    그러나 직원을 고용한 사람이 그 직원의 잘못에 대하여 책임져야 할 경우도 있어요. 직원이 맡은 일 처리와 관련하여 남에게 손해를 입힌 일에 대해서는, 직원을 고용한 사람이 책임져야 해요. 그 이유는 고용한 사람이 직원을 적절하게 교육하고 감독할 책임이 있어야 사고가 예방되고 피해자가 보호받을 수 있기 때문입니다. 그래서 직원이 업무용 자동차를 운전하다가 남을 다치게 했다면 직원을 고용한 사람이 치료비를 물어주어야 해요. 왜냐하면 맡은 일을 처리하다가 일어난 사고이기 때문이지요. 그렇지만 직원이 남의 집 감을 따 먹은 일은 맡은 일 처리와 상관없어요. 그러니 고용한 사람이 아니라 직원이 감값을 물어주어야 해요.

16
편히 앉아서
잘 사는 법

어느 곳에 가난한 농부가 있었어.
농부는 새벽부터 밤늦도록 일했지만, 비 한 방울 내리지 않는
•불가물 때문에 살림은 자꾸 기울어 갔어.
어느 날 밭일을 마치고 집으로 돌아온 농부는 이렇게 중얼거렸지.

"후유! 살림살이는 점점 어려워지고,
농사짓기도 갈수록 힘이 드는구나.
편히 앉아서 단숨에 돈을 많이 버는 무슨 좋은 수가 없을까?"

그때 이 마을 저 마을 시주를 받으러 다니던
•시주 스님이 그 말을 듣게 되었어.
스님도 마침 시주받으러 돌아다니느라 힘들고 지쳐,

- **불가물**: 아주 오랫동안 비가 안 오는 날씨
- **시주 스님**: 시주(중이나 절에 물건을 베풀어 주는 일)받는 일을 하는 스님

농부네 집 문 앞에서 쉬고 있었어.
스님도 편히 앉아서 단숨에 시주를 가득 받는
무슨 좋은 수가 없을까, 생각하고 있었지.

그러다 농부의 푸념을 들은 스님은 "옳지!" 하며
얼른 그 집에 들어가 말했어.
"절에 가서 공덕을 쌓으면 편히 잘살 수 있습니다."
"아니, 공덕을 어떻게 쌓아야 하는 겁니까?"
"논밭을 모두 절에 바치면, 그것이 공덕을 쌓는 것이지요.
그러면 자연히 복을 받아 잘살 수 있고,
힘들게 농사짓지 않아도 되니 몸도 편해질 것입니다."

스님은 많이 바쳐야 공덕이 많이 쌓여 잘산다면서,
있는 논밭을 남김없이 다 바치라고 하였어.
그래서 농부는 그 말대로 했고, 스님은 논밭을 남에게
빌려주고 편히 앉아 시주를 가득 받게 되었어.
그런데 일 년이 지나자, 농부는 그나마 있던 양식도 다 떨어져
굶어 죽을 지경이 되었어. 또 어린 자식들은
거리로 나앉아 구걸하며 빌어먹게 되었어.

● **공덕**: 착한 일을 많이 한 공과 불도를 닦은 덕

농부는 하는 수 없이 절로 스님을 찾아가 부탁하였지.

"있는 것을 거의 다 바쳤는데도 저희 식구들이
굶어 죽게 되었으니, 절에 바친 논밭을 돌려주십시오."
"복을 받지 못한 것은 공덕이 부족한 탓이오.
더구나 한번 바친 논밭을 다시 내놓으라는 것은
사람의 도리가 아니오. 만약에 다시 논밭을 찾아간다고 해도,
그 죄를 어찌 감당하겠소?"

스님은 이 핑계 저 핑계 대며 거절했어.
농부는 쫄쫄 굶는 가족들을 두고 볼 수가 없어서,
그 고을의 현감을 찾아갔어.

"흠! 백성이 굶어 죽어 가는데도,
모른 척하고 재물 모으는 데만 정신을 쏟다니……!"

농부의 말을 들은 현감은 당장 스님을 불러 판결했지.

"농부가 논밭을 바친 것은 복을 받기 위해서였는데,
자신은 굶어 죽게 되고 자식은 빌어먹게 되었다.

이것은 일 년이 지나도록 양쪽에서 서로 약속을 지키지 못한
것이다. 첫째, 부처는 아직 농부에게 복을 내리지 않은 것이고,
둘째, 농부는 공덕이 아직 부족한 것이니
양쪽이 서로 마찬가지다. 그러니 복은 부처에게 돌려주고,
논밭은 주인에게 돌려주도록 하여라."

스님은 별수 없이 농부에게 논밭을 돌려주었지.

"이 세상에 아무것도 안 하고 편히 앉아서
잘사는 좋은 수란 없는 거야!"

그 후로 농부는 더욱 부지런히 일해서 잘살게 되었어.

"이 세상에 아무것도 안 하고 편히 앉아서
시주받는 좋은 수란 없는 거야!"

그 후로 스님도 더욱
열심히 다녀서
시주를 많이 받게 되었대.

변호사가 되어 함께 해결하기

교회나 절 같은 종교단체에 헌금이나 시주를 한 후, 다시 돌려달라고 할 수 있을까요?

지금도 가끔 이상한 종교단체에서 신도들에게 재산을 모두 바치라고 꾀거나, 강제로 요구하는 일이 있어요. 심지어 어떤 사람은 복을 받는 부적을 몇 년간 계속 사면서 몇억 원이나 되는 돈을 준 일도 있었어요. 옛날에도 그런 일이 있었군요.

종교단체에 헌금을 알맞은 정도로 하거나, 점을 치고 몇만 원 정도의 대가를 준 것은 돌려받을 수 없습니다. 그러나 그 정도가 지나치면 돌려받을 수 있어요.

농부와 부처가 계약을 했을까요, 아니면 스님이 농부를 속였을까요?

사또는 이 문제를 농부가 공덕을 쌓으면 부처가 복을 내리기로 약속했다는 계약 문제로 보았어요. 농부와 부처 모두 계약상의 의무를 다하지 않았기 때문에 계약이 취소되었다고 판단한 것입니다. 계약이 취소되면 상대방으로부터 받았던 것을 전부 돌려주어야 해요.

그렇다면 스님이 농부를 속였다고 본다면 어떨까요? 스님의 행위를 사기로 판단할 경우, 판결은 어떻게 나올까요?

스님이 농부를 속였다고 볼 경우는 어떨까요?
스님의 행위를 사기로 본다면 어떻게 판결할 수 있을까요?

논밭을 전부 절에 바치면 복을 받아 잘살 수 있다는 스님의 말은 남을 속이는 거짓말로 볼 수 있습니다. 스님이 농부에게 이와 같은 거짓말을 하여 농부의 전 재산을 가로챈 것은 분명 잘못된 행동이겠지요. 농부가 스님의 거짓말을 정말이라고 믿고 전 재산을 주었다면 스님에게 전 재산을 준 것이 무효거나 취소될 수 있어요. 그래서 남을 속여 재산을 빼앗은 스님은 농부에게 논밭을 돌려 주어야 합니다.

　하는 일이 잘 이루어지지 않는다고 해도 더 열심히 노력해야지, 우연히 복을 받아 쉽게 이루려는 생각은 버려야 합니다. 사기꾼들은 쉽게 이익을 얻으려는 우리 마음을 이용하지요.

　그리고 거짓말로 남을 속여 시주나 헌금을 받으면 **형사처벌**도 받아요. 우리나라에서 자신을 '하나님', '구세주', '미륵불'이라고 주장하면서 신도들한테서 큰 금액을 헌금 명목으로 받은 사람, 헌금을 내지 않으면 화를 입게 된다고 속여 신도들에게서 큰 돈을 받은 사이비 교주가 **사기죄**로 처벌받았어요.

17
냄새
맡은 값

어느 곳에 배가 °북통처럼 불룩 나온 부자가 살았어.
북통 부자는 남의 것을 갖다 쓰면 제 것이라고 안 주면서,
제 것은 지푸라기 하나 공짜로 주는 법이 없었지.
길 가던 나그네가 처마 밑에서 비 좀 피했다가는 처맛값 내라,
길 좀 물었다가는 입 심부름값 내라 닦달이니,
누구든 돈을 안 내고 배겨 낼 수가 없었어.
그런데 이 북통 부자의 뒷집에는 자기 것은 무엇이든지 남에게
나눠주고, 입혀주고, 먹여주는 마음 넉넉한 가난뱅이가 있었어.
하루는 가난뱅이가 밭일하고 집으로 돌아오는데,
부잣집에서 맛있는 고기 냄새가 술술 풍기는 것이었어.
'허! 그 고기 냄새 한번 기막히구나.
배고픈데 냄새라도 실컷 맡고 가자.'

● **북통**: 북의 몸이 되는 둥근 나무통

가난뱅이는 집에 가 봤자 입가심 *볼가심할 것도 없었지.
그래서 담장 너머로 머리를 들이밀고
눈을 지그시 감고서는 한껏 냄새를 맡았어.
그때 마침, 북통 부자가 밖으로 나오다 그 모습을 보았지.

"어, 저 사람이 우리 집 고기 냄새를 공짜로 맡잖아?"

아까운 생각이 든 북통 부자는,
당장 뛰어가 가난뱅이를 꽉 붙들었어.

"왜 남의 집에서 나오는 냄새를 돈도 안 내고
마음대로 맡는 건가?"
"아니, 냄새만 맡았는데 무슨 돈을 내야 한단 말이오?"

가난뱅이는 어이없어 따졌어.

● **볼가심**: 아주 적은 음식으로
  배고픔을 달래는 일

"이 세상에 공짜가 어디 있나?" 저 고기로 말할 것 같으면,
 자그마치 열 냥짜리네! 고기 맛은 냄새가 반인데,
 자네가 구수한 냄새를 죄다 맡았으니 냄새값을 내야지.
 어서 다섯 냥을 내놓게."
"냄새값이라니! 그런 말은 내 생전에 한 번도 들어보지 못했소."
"아니, 그럼 남의 냄새값을 떼먹겠다는 건가?"

북통 부자는 눈을 대굴대굴 굴리며 펄펄 뛰었어.

"정 그렇게 꼭 받아야겠다면,
 지금은 돈이 없으니 내일까지 드리겠소."

집으로 돌아온 가난뱅이는 생각할수록 기막혀 한숨만 나왔지.
북통 부자의 기세에 눌려 얼떨결에 약속하기는 했지만
너무나 억울했어.

"후유, 그것참!"
"아버지! 무슨 걱정거리라도 있으신지요?"

보다 못한 어린 딸이 묻자,
가난뱅이는 억지로 돈을 물게 된 이야기를 했어.

"글쎄, 내가 앞집 부자 댁에서 굽는 고기 냄새를 맡았지.
그랬더니 그 부자가 내게 냄새값을 다섯 냥이나 내라는구나."
"예에? 그래서 냄새값을 주기로 하셨나요?"
"그래! 집에 있는 돈이라고는 꼭 다섯 냥뿐인데!
약속했으니 안 줄 수도 없고,
그렇다고 주자니 너무 억울하고……!
이를 어쩌면 좋단 말이냐?"

가난뱅이는 길게 한숨을 내쉬었어.

"아버지! 그런 일이라면 걱정하지 마시고 제게 맡겨 주세요."
"아니, 네가 무슨 수로 해결한다고 그러는 게냐?"
"아버지께서는 구경만 하고 계세요.
약속도 지키고, 돈 다섯 냥도 빼앗기지 않을 테니까요."

다음 날 아침, 가난뱅이의 딸은 돈 다섯 냥을 들고
부잣집으로 갔어. 부잣집 앞에는 밤새 소문을 들은 구경꾼들이
시끌시끌 모여 있었지.

"여기 냄새 맡은 값 다섯 냥을 가져왔습니다."

가난뱅이 딸이 돈주머니를 흔들자,
북통 부자는 얼씨구나 하고 나와서 돈을 받으려고 했어.
그러나 가난뱅이 딸은 계속 짤그랑짤그랑
돈주머니만 흔들며 말했어.

"돈소리 잘 들으셨지요? 그럼, 이만 가 보겠습니다."
"게 섰거라! 돈을 가져왔으면 냉큼 내놓고 갈 것이지,
왜 도로 가져가는 것이냐?"

북통 부자가 황급히
쫓아오며 길을 막았어.

"저희 아버님께서 고기 냄새만 맡으셨으니 그 냄새값으로
돈소리를 들려 드렸는데, 뭐 잘못된 것이 있습니까?"
"와, 하하하! 그 말이 옳다!"

구경꾼들은 머리를 끄덕이며 배를 잡고 웃었어.
억지 욕심을 부리다 •도톨밤만 한 어린아이한테 망신당한
북통 부자는 ••달팽이 눈이 되어 집으로 허겁지겁 숨어 버렸대.

● **도톨밤**: 도토리같이 둥글고 작은 밤
●● **달팽이 눈이 되다**: 핀잔받거나 겁이 날 때 움찔하고 기운을 펴지 못하다.

변호사가 되어 함께 해결하기

이야기에서와 같이 처맛값, 입 심부름값, 냄새값을 요구하는 것이 옳을까요, 그를까요?

자기 집 처마 밑에서 잠시 비를 피했다고 해서 처맛값을 달라거나, 길을 가르쳐 주었다고 하여 입 심부름값을 달라고 할 수 없어요. 고기 굽는 냄새를 풍기고서, 그 냄새값을 달라고 하는 것도 당연히 옳지 않아요. 왜 그럴까요?

　남에게 대가를 요구하려면 그 대가를 주도록 정한 법이 있거나, 대가를 지급하기로 한 약속이 있어야 합니다. 그런데 잠시 비를 피하거나 길을 묻거나, 고기 냄새를 맡은 사람이 그 대가를 주어야 한다고 정해 놓은 법 규정도 없고, 대가를 주기로 약속한 일도 없지요. 그래서 북통 부자가 그 대가를 요구하는 것은 옳지 않아요.

여러분이 북통 부자한테서 냄새값을 달라는 요구를 받았어요. 그런데 여러분이 거절하자 북통 부자가 위협하였다면, 그는 어떻게 될까요?

냄새값을 낼 의무가 없는 사람을 협박하여 돈을 받으면 '**공갈죄**'로 처벌받아요. 공갈은 말이나 행동으로 상대방에게 겁을 주어 이익을 얻으려는 범죄예요. 북통 부자가 냄새값을 내라고 겁을 주었으나 가난뱅이가 돈을 내지 않았지요. 이 경우에 북통 부자는 **공갈미수죄**에 해당하겠네요.

가난뱅이가 북통 부자에게 고기 굽는 냄새가 싫으니 냄새를 피우지 말라고 요구할 수는 없을까요?

옛날에는 고기가 귀하여 고기 굽는 냄새를 일부러 맡으려고 했을지 모르지요. 하지만 오늘날에 이러한 냄새를 심하게, 계속 풍겨 이웃에 사는 사람이 보통 참을 정도를 넘어섰다고 판단될 때는 어떻게 될까요? 냄새를 풍긴 사람이 이웃 사람에게 **손해배상**을 해주어야 할 경우도 있어요.

    음식물 냄새는 아니지만 고양이를 4마리 이상 키우며 배설물을 방치해서 이웃에 심한 악취가 퍼진 경우가 있었어요. 고양이 주인은 이웃에게 **손해배상**을 해주어야 한다는 판결이 실제 있었답니다.

    누구나 연기, 열, 기체, 액체, 소리, 진동 등으로 이웃 토지의 사용을 방해하거나, 이웃 사람들의 생활에 고통을 주지 않도록 알맞은 조치를 해주어야 할 의무가 있기 때문이에요.

18
알나리에게 혼이 난 이방 나리

어느 고을에, 나이 아홉 살에 과거 시험에 장원급제해서
원님이 된 아이가 있었어.
이 고을의 이방은 원님의 나이가 어린 것을 얕보고,
제 손안에 넣고 휘두를 궁리를 하였어.
그래서 가깝게 지내던 *땡추중을 불러 일을 꾸몄지.

"달걀만 한 **알나리한테 가서,
대삿갓을 잃었으니 찾아 달라고 해 보시오.
제아무리 똑똑해도 이번엔 해결하지 못해서 망신만 당할게요."

땡추중은 어린 원님을 찾아가 거짓으로 말했어.

- **땡추중**: 중답지 않은 중
- **알나리**: 어리고 키 작은 사람이 벼슬하였을 때, 그를 놀리는 말

"바람이 불어 제가 쓰고 다니던 대삿갓이
 날아가 버렸으니, 꼭 찾아 주십시오."

이 땡추중이 이방과 가깝다는 걸 아는
어린 원님은, 그 꿍꿍이속을 알아채고
나졸을 불렀어.

"여봐라! 어서 가서 뱃사공들을 불러오너라!"

뱃사공들이 불려 오자 어린 원님은 명을 내렸어.

"이 스님이 바람에 갓을 잃었다고 하니,
 너희들이 새 갓을 지어 오도록 하여라."

뱃사공들은 어리둥절하여 물었어.

"원님, 저희가 왜 스님의 갓을 해주어야 하는지요?"
"너희가 엊그제 바람이 불지 못하도록
 제사를 지내지 않았느냐?"
"예, 그랬습니다만……."

"그래서 바람이 바다로 못 가고 육지로 쫓겨와서
이 스님의 대삿갓을 날려 버렸다.
그러니 당연히 너희가 물어 줘야 하지 않겠느냐?"
바람 때문에 날아간 대삿갓을 애꿎은 사공더러 물어내라고
하니, 이치에 맞지 않는 판결이었지.

사공들이 멍하니 듣고 있자, 어린 원님은 다시 명령하였어.

"그런데 대삿갓을 가져오되, 대나무가 아니라
돌을 깎아 만들고 쇠줄을 단 것이어야 한다.
갓이 크고 무거워야 다시는 바람에 날아가는 일이 없겠지."

그제야 사공들은 어린 원님에게
뭔가 다른 뜻이 있다는 것을 알아차렸지.
그래서 돌로 커다란 삿갓을 만들어 왔어.

"여봐라! 무엇 하고 있느냐?
어서 저 스님에게 갓을 씌워
드려라."

'아이고, 저것을 머리에 썼다가는
내 머리가 무사하지 못하겠구나.'
나졸들이 달려들어
돌 삿갓을 씌우려 하자,
겁이 난 중은 넙죽 엎드려 빌었어.

"사또 나리, 용서해 주십시오.
사실은 이방 나리가 시키는 대로 거짓말했습니다."
"점잖은 이방 어른이 그런 짓을 시켰을 리 있겠소?
또 그게 사실이라 해도,
스님께서 남이 시킨다고 아무 짓이나 하면 되겠소?
스님은 어서 갓값과 사공들 하루 품삯을 치르고
당장 물러가시오."

어린 원님은 위엄 있게 나무라더니,
안절부절못하는 이방에게 명령하였지.

"이방은 밭에 가서 수숫대 하나만 잘라,
소매 속에 넣어 오시오."

이방은 수숫대가 커서 할 수 없이
한쪽 끝만 소매 속에 넣고 왔어.

"그 수숫대가 몇 년이나 자란 것이요?"
"글쎄요, 일 년쯤 됐을 것입니다."
"그래, 일 년 지난 수숫대도 소매 안에 넣지 못하면서,
구 년이나 자란 나를 손안에 넣으려고 한단 말이오?
앞으로는 이런 일이 없도록 하오!"

어린 원님이 따끔하게 •따끔영을 내리니,
이방은 고개를 떨구었어.
그리고 그 뒤부터 이방은 어린 원님을 극진히 모셨대.

● **따끔영**: 정신을 차리도록
따끔하게 내리는 명령

변호사가 되어 함께 해결하기

거짓으로 증거를 꾸미는 등의 방법으로 법원을 속여 재판하면 어떤 벌을 받을까요?

이방과 중이 나쁜 마음을 먹고, 갓을 잃어버리지도 않았는데도 갓을 찾아 달라는 재판을 신청하였군요. 실제로는 피해를 보지 않았는데도 거짓으로 증거를 꾸미는 등 나쁜 방법으로 법원을 속여서 이익을 얻으려고 하면, **사기죄**로 벌을 받을 수 있어요. 다만 이야기 속의 중은 갓을 찾아달라고 요청하고 있습니다. 남의 갓을 달라는 재판을 청구한 것이 아니기 때문에 **소송사기**에 해당하지는 않습니다.

직접 범죄를 저지르지 않고 다른 사람을 시켜도 처벌을 받나요?

벌 받을 잘못을 직접 저지르지는 않았다 하더라도, 잘못을 저지른 범인과 미리 그 범죄를 꾸민 사람, 범죄를 저지르게 시킨 사람도 함께 벌을 받게 됩니다. 이런 사람을 '**공범**'이라고 하지요. 잘못을 저지른 것이 밝혀져 중이 벌을 받게 된다면, 이방 역시 공범으로 벌을 받게 되겠군요.

　이 이야기에서 중이 바람에 날아가 잃어버린 삿갓을 찾아 달라는 재판을 신청하였지요. 그러나 재판은 법원에서 다툼을 해결하기 위한 절차를 말합니다. 그런데 이처럼 잃어버린 물건을 찾아 달라고 관가에

요구하는 것은, 단순한 신고이지 재판은 아니에요. 이 이야기에서는 중이 관가에 **허위 신고**를 한 것이지요.

이방은 윗사람인 사또를 골려 주려고 거짓말로 소송을 꾸몄어요. 이방 자리에서 물러나게 할 수 있을까요?

공무원인 이방이 윗사람인 사또를 골려 주려고 거짓말을 꾸며 소송을 하게 하였어요. 이러한 행동은 **공무원의 의무**를 저버린 거예요. 따라서 이방은 형사처벌을 받을 뿐 아니라 파면이나 해임 등의 징계를 받아, 이방 일을 계속하지 못할 수 있어요.

19
한겨울의 산딸기와 독사

어느 고을에 욕심 많고 성품이 고약한 사또가 있었어.
아전이나 백성들은 사또가 달라면 무엇이든 바쳐야 했지.
그러지 않으면 온갖 구실을 붙여 재물을 빼앗고는 했어.
사또는 •좌수에게 물려받은 재물이 많다는 것을 알았어.
그래서 어느 눈이 펑펑 내린 겨울에 좌수를 불렀지.

"좌수! 내가 요즘 산딸기를 먹고 싶으니,
당장 따서 갖다 바쳐라!"
"예?"
"산딸기를 구해 오면 큰 상을 내릴 것이야.
그렇지만 못 구해 오면 내 명을 어긴 죄로 감옥에 가든지,
아니면 네 재물을 다 바치든지 해야 할 것이다."

● 좌수: 조선시대, 향소의 우두머리

사또의 °으름장에 좌수는 너무 기막혔어.
그리고 집에 돌아와 끙끙 앓았지.

"아이고, 눈 덮인 한겨울에 무슨 수로
산딸기를 구해 온다는 말인가?"

그 모습을 보고, 좌수의 어린 딸이 와서 물었어.

"아버지! 왜 진지도 안 잡수시고 한숨만 쉬시나요?
무슨 걱정거리라도 있으신지요?"
"아니다. 아무 일도 아니야."

어린 딸이 자꾸 조르면서 묻자,
좌수는 사또가 억지 명령을 내린 이야기를 해주었지.

"아버지! 그런 일이라면
조금도 걱정하지 마십시오."

● **으름장**: 말과 행동으로 남을 위협하는 짓

다음 날, 어린 딸은 관가로 찾아가 사또에게 공손히 절했어.

"내가 네 아버지에게 산딸기를 구해 오라 했는데,
어찌하여 네 아버지는 오지 않고 네가 왔느냐?"
"예, 사실 저희 아버지는 어제 사또님의 분부대로
산딸기를 따러 산에 갔지요.
그러다가 그만 독사에게 물리고 말았습니다.
그래서 온몸이 퉁퉁 부어올라 꼼짝도 못 하고 누워 계시지요.
그러니 내년 봄까지 시간을 달라는 말씀을 드리려고 왔습니다."

그러자 사또는 화를 버럭 내며 호통을 쳤어.

"뭐, 뭐라고? 여기가 뉘 앞이라고 그런 거짓말을 하느냐!
이 추운 겨울에 독사가 어디 있다는 말이냐?"

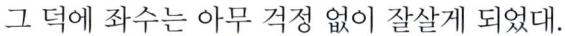

"그렇다면 이 추운 겨울에 산딸기는 어디 있겠습니까?
부디 그러한 명령을 거두어 주십시오."

그 말을 들은 사또는 얼굴만 붉히고 아무 말도 못 했어.
어린아이에게 망신당한 사또는 다시는
그런 요구를 하지 못했지.
그 덕에 좌수는 아무 걱정 없이 잘살게 되었대.

변호사가 되어 함께 해결하기

사또가 자신의 신분을 이용하여 계속 남의 물건을 빼앗으면 어떻게 될까요?

사또라는 신분을 이용하여 아전이나 백성에게 재물을 요구하고, 주지 않으면 벌을 주겠다고 위협하여 재물을 빼앗는 것은 '**공갈죄**'에 속해요. 공갈 행위를 여러 번 계속 저지르면, '**상습 공갈죄**'로 더욱 무거운 벌을 받게 됩니다. 또 공무원이 이러한 잘못을 저지르면 파면 또는 해임의 징계처분을 받아서 더 이상 공무원으로 일하지 못하게 될 수 있습니다. 그리고 파면이 되면 퇴직금의 절반을 받지 못할 수 있어요.

남의 물건을 억지로 빌리거나 잠시 바꾸자고 하는 행위는 문제가 없을까요?

친구의 물건을 빌리거나 옷을 바꿔 입자고 강요하는 일이 종종 발생합니다. 빼앗은 것이 아니고 어차피 돌려줄 것이기 때문에 문제가 없을까요? 그렇지 않아요. 타인에게 내키지 않는 일을 강요해 이익을 얻는 행위(잠시 사용하는 것 포함)는 빼앗거나 빌리는 것과 다름없어요. 억지로 빌리거나 바꾸는 행위도 공갈죄로 처벌될 수 있습니다.

공무원은 윗사람의 모든 지시에 따라야 할까요?
어떤 경우에 윗사람의 지시에 따라야 할까요?

우리 법에는 "공무원이 자기가 맡은 일을 하면서 윗사람이 그 일과 관련된 명령을 할 경우, 이에 따라야 한다. 그러나 그 명령이 위법한 경우에는 이에 따르지 않을 권리가 있다"라고 정해져 있어요. 따라서 공무원이 윗사람의 명령에 반드시 따라야 할 때는 그 명령이 자기가 맡은 일과 관련이 있어야 하고, 올바른 명령이어야 하지요.

    그런데 사또가 산딸기를 먹고 싶으니 따오라는 명령은, 개인적인 명령일 뿐 좌수가 맡은 일과 관련이 없어요. 또한 겨울에 산딸기를 따오라는 것은 올바른 명령이라고 볼 수 없어요. 그러니까 좌수는 그 명령에 따르지 않아도 됩니다. 윗사람이 법에 어긋나는 지시를 하면 거부해야 하고, 함부로 따랐다가는 윗사람과 함께 처벌받을 수 있어요.

    이러한 공무원의 권리와 의무에 관한 법은 왜 있을까요? 그 이유는 나라의 일을 공정하게 할 수 있도록 만든 것이지요.

20
왜가리의
선물

어느 숲속에 비둘기, 꾀꼬리와 왜가리가 살고 있었어.
그런데 셋은 언제나 자기 목소리가 아름답다며 다투었지.

"내 목소리 멋지지?
구구구!"

비둘기가 바위 위에서 점잖게 노래했어.

"내 목소리가 더 좋아.
꾀꼴꾀꼴!"

꾀꼬리가 꽃가지 위에서 멋지게 노래했어.

"아냐. 내 목소리가 최고야! 왝왝, 왜왝!"

왜가리도 질세라 날개까지 퍼덕이며 노래했어.

"글쎄, 내가 최고라니까!"
"아냐, 나야!"
"아냐! 나라니까!"

셋은 온종일 다투었지.
어느 날 노래에 자신 있던 꾀꼬리가 말했어.

"우리 매일 이렇게 다툴 게 아니라,
심판관을 정해 노래자랑을 하자.
그래서 누구 목소리가 제일 아름다운지 알아보자."
"좋아, 그게 공평하겠어."

그래서 셋은 지혜롭다는 두루미를 심판관으로 정하고,
다음 날 아침 두루미를 만나기로 했어.
'내 목소리가 곱다고 우기기는 했지만,
아무래도 자신 없단 말이야.'
걱정하던 왜가리는,
두루미가 제일 좋아한다는 개구리와 미꾸라지
한 보따리를 싸 들고 몰래 찾아갔지.

"저, 두루미 님 계세요?"
"아니, 왜가리가 웬일인가?"
"이것 받으세요."
"아니, 이 귀한 것을 이렇게나 많이……? 원, 그냥 오지 않고서!"

두루미는 좋아서 입이 *헤벌어지더니
**뒷손으로 슬며시 받았어.

"저, 내일 아침에 비둘기, 꾀꼬리와 저하고
셋이 목소리 자랑을 하러 올 거예요.
그때 잘 좀 부탁드립니다."
"흠! 그런 것쯤이야 아무 염려하지 말게나."

다음 날 아침, 셋은 두루미의 집을 찾아갔어.

"두루미 님, 안녕하세요?"
"무슨 일인가?"

두루미는 모르는 척 시치미를 뚝 떼고 물었어.

"두루미 님이 심판관이 되시어,
저희 중에 누구 목소리가
제일 아름다운지 가려 주셨으면 합니다."

- **헤벌어지다**: 어울리지 않도록 넓게 벌어지다.
- **뒷손**: 뒤로 내미는 손, 사양하는 체하면서 뒤로 슬그머니 벌려서 받는 손

왜가리의 선물

"흠! 그런 일이라면 나만큼 잘할 수 있는 자도 없지!
그럼, 먼저 비둘기부터 노래를 한번 불러 보게나."
"예!"

비둘기는 의젓하게 노래를 불렀어.

"구구구 구구 구구구 구구……."

그러자 두루미가 손을 내저으며 말했어.

"에그, 비둘기 노래는 마치 장사꾼들이 셈하는 소리 같군!"
"예에?"
"어디, 이번엔 꾀꼬리가 한번 노래해 보게."
"예!"

비둘기가 시무룩해져서 물러나자,
꾀꼬리는 목청을 가다듬고 노래를 불렀어.

"꾀꼴꾀꼴 꾀꼬르르르!"

그러자 또 두루미가 머리를 절레절레 흔들며 말했어.

"저런! 꾀꼬리 목소리는 배고픈 소리 같아 못 쓰겠어!"
"예에?"
"그다음 왜가리 노래 한번 들어볼까?"

꾀꼬리도 실망해서 물러앉자,
왜가리가 신이 나서 소리를 지르며 노래를 불렀지.

"왝왝, 왜액! 왝왝, 왜액!"

그러자 두루미는 무릎을 탁 치며 머리를 끄덕였어.

"옳거니! 그 소리 참 힘차고 좋구나.
아주 훌륭해!"

속이 뻔히 들여다보이는 두루미의 말을 듣던
비둘기와 꾀꼬리는 화가 났어.

"뭐라고?
누가 들어도 제일 듣기 싫은 소리를 제일 듣기 좋다고 하다니!
무엇을 받아먹었기에 그런 엉터리 말을 하는 거야?"
"이런 거짓말쟁이!
다시는 그런 엉터리 말을 못 하게 해줄 테다."
"에잇!"

비둘기와 꾀꼬리는 두루미에게 달려들어 목을 잡아당겼어.

"어이쿠!"

그래서 두루미의 목은 길게 늘어나 비틀어지고, 그때부터
두루두루 미안해서 소리도 잘 내지 못하게 되었지.
그런 일이 있고 난 뒤,
남에게 자기 부탁을 들어 달라고
옳지 않게 주는 선물을
'왜가리 선물'이라고 하게 되었대.

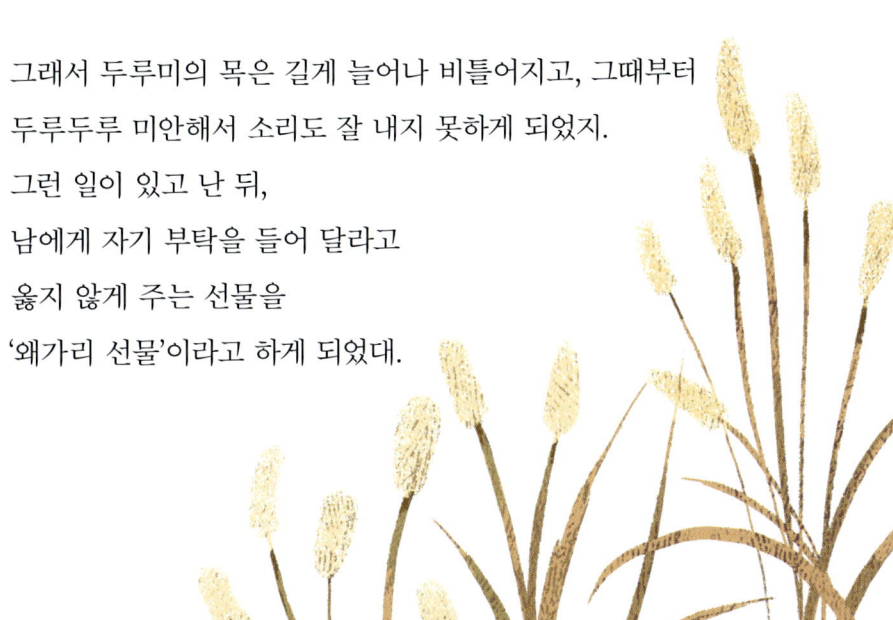

변호사가 되어 함께 해결하기

심사위원이나 심판들이 재물을 받고 공정하지 못한 결론을 내리면, 어떻게 될까요?

두루미가 사람들이 재미 삼아 하는 노래자랑의 심판을 맡으면서 잘 봐 달라는 부탁과 함께 선물을 받은 것은, 법률적으로 처벌받을 행위는 아니에요.

하지만 공식적인 업무로서 심판을 본 경우라면 달라요. 두루미가 국립 대학교의 성악과 교수인데 성악과 시험을 보는 학생한테서 합격시켜 달라는 부탁과 함께 선물을 받았어요. 그 경우에는 공무원이 맡은 일과 관련하여 뇌물을 받았기 때문에 '**뇌물수수죄**'로 벌을 받아요.

또 두루미가 국가 기관이 아닌 방송국의 노래자랑 대회의 심사위원인데 참가자로부터 잘 봐 달라는 내용의 부탁과 함께 선물을 받았어요. 이 경우에는 공무원이 아니기 때문에 '**배임수재죄**'로 벌을 받게 됩니다.

친구들 사이의 축구 시합에서 심판을 보게 되었다면,
어떤 마음가짐으로 경기를 이끌어야 할까요?

심판을 맡긴 사람들은 심판을 맡은 사람이 공정할 것이라고 기대했기 때문에, 그 일을 맡겼을 거예요. 그러므로 선물을 받고 공정하지 못한 결론을 내리는 것은 매우 나쁜 일이지요. 굳이 선물을 받지 않았다고 해도, 사람들은 같은 학교나 같은 동네 사람 등 개인의 사사로운 관계 때문에 누구에게는 좋은 감정을, 누구에게는 나쁜 감정을 느끼는 경우가 있어요.
    작가 괴테는 젊은 시절에 법률가로 일한 적이 있는데, "정직하기보다 공정하기가 더욱 어렵다."라는 말을 남겼어요. 우리가 공정하게 처리해야 할 일을 맡았을 때는 사사로운 감정이나 편견을 버리고, 어느 한 편이 억울하지 않게 처리해야 해요.